现代包装设计
MODERN PACKAGING DESIGN

主　编　张迎春
副主编　董德丽　马　宁

河南大学出版社
中国·郑州

图书在版编目（CIP）数据

现代包装设计/张迎春主编. —郑州：河南大学出版社，2013.9
ISBN 978-7-5649-1277-2

Ⅰ.①现… Ⅱ.①张… Ⅲ.①包装设计—教材 Ⅳ.①TB482

中国版本图书馆CIP数据核字（2013）第161823号

责任编辑　柳　涛
责任校对　朱春华
封面设计　张迎春

出版发行　河南大学出版社
　　　　　地址：郑州市郑东新区商务外环中华大厦2401号
　　　　　邮编：450046
　　　　　电话：0371-86059712（高等教育出版分社）
　　　　　　　　0371-86059715（营销部）
　　　　　网址：www.hupress.com
制　　版　郑州市今日文教印制有限公司
印　　刷　郑州新海岸电脑彩色制印有限公司
版　　次　2013年9月第1版
印　　次　2013年9月第1次印刷
开　　本　787mm×1092mm　1/16
印　　张　11.25
字　　数　240千字
印　　数　1—3000册
定　　价　39.00元

前 言
PREFACE

近年来我国设计教育已经取得了长足的发展，可以说设计教育是设计事业之本。艺术设计学科是与现代科学技术、社会发展密切相关的学科，也是与人民大众生活紧密相关的学科。作为改变人类生存状态、提高生活质量、引导生活方式、指导消费导向的艺术设计，必然要求艺术设计教育与时俱进，不断更新现代设计知识，培养出更多具有创新精神的设计人才。

创新是人类社会的生命之源，也是设计进步和发展的不竭动力。如果说艺术的创新只是设计师的自觉要求，是设计师寻找新鲜的艺术语言，那么包装设计的创新不仅于此，包装设计，是在新材料的运用、结构的改进、容器造型的更新以及平面设计的变化等因素下而进行创新设计。有鉴于此，包装设计专业教材本着符合时代特点、高水准、高质量的要求而精心编著。愿它就像一把钥匙去开启学生的思维与灵感，去探索设计世界的神奇奥秘。

包装设计是一门以品牌、文化为本位，以美学、形式为基础，以工艺为导向的设计学科，是平面设计专业的主干课程。本教材力求知识结构的完整、系统和新颖；采用图文对应、相互补充，以最新的中外现代包装设计作品为图例，开阔视野，强调创新精神；从不同角度立体展示包装设计的内容与形式，展示不同时代、不同国家的包装设计作品风格，着重探索现代包装设计如何吸取文化的营养来培育自身的品格，实现与世界的融通与互动。

参加本书编写的人员分工如下：张迎春，第一章、第二章、第三章第一节；董德丽，第三章第二节和第四章第一、二、三节；马宁，第四章第四节和第五章。

由于时间仓促，经验不足，书中疏漏和欠妥之处在所难免，恳请广大读者批评指正。

编 者

2013年4月

目录 CONTENTS

- 第1章 包装概论 P.001
- 第2章 包装的材料 P.028
- 第3章 包装的造型与结构设计 P.047
- 第4章 包装的视觉传达设计 P.087
- 第5章 包装设计的程序与创意 P.151
- 参考文献 P.173

第1章

包装概论

1.1 包装设计的基本概念　P.002

1.2 包装的类型　P.008

1.3 包装设计的发展历史　P.017

1.1
包装设计的基本概念

1.1.1 包装的概念

包装与产品是一对孪生子。有了产品就要有包装加以保护。根据中国《辞海》中的解释以及传统上被人们所接受的辞义，"包"的意思有包藏、包裹、收纳等，而"装"则有装束、装扮、装载、装饰与样式、形貌等意思。

据英国《牛津大词典》的说明，包装的英文名称为Package，其意思可以作包扎、包裹、打点行李理解。对包装的理解与定义，在不同的时期，不同的国家，也不尽相同。

美国包装学会对包装所做的定义是：为符合产品之需求，依最佳之成本，便于货物之传送、流通、交易、贮存与贩卖，而实施的统筹整体系统的准备工作。

日本工业规格JIS101对包装的定义是：为便于物品之输送及保管，并维护商品的价值，保持其状态，而以适当的材料或容器，对物品所实施的技术与状态。

英国规格协会对包装所做的定义为：包装是为货物的运输和销售所做的艺术、科学和技术上的准备工作。

我国在1983年国家标准中对包装的定义是：为在流通中保护产品、方便储运、促进销售，按一定的技术方法所采用的容器、材料和辅助物的过程中施加一定技术方法等操作活动。

总之，包装是为便于运输、储存和销售而对产品进行处理的艺术和技术的准备。而包装设计是包括结构设计、容器设计、包装装潢设计等组成的总体设计。虽然每个国家和地区对包装的定义略有差异，但都是以包装的功能为核心内容的。其如图1.1-1.2所示。

图1.1 玻璃容器包装

图1.2 木质包装盒

1.1.2 包装概念的扩展

大千世界上有千奇百怪的造物样式，各种各样的物体是相互依存、相互作用的。它们之间的结合方式可以给我们无穷的启示。我们在大自然中可以找到许多包装样式，任何一种物体都有被"包"或"包"住它者的可能，并且"包"的形式、结构和功能方面是如此美妙，使人们不得不惊叹大自然的伟大创造力。

天空将大地"包"着，形成了一道功能奇特的防护层，保护着地球，可以让氧气、水分留在地球表层，构建起一层奇妙的生物圈。植物果壳为人类提供了各种各样的包装范例：橙子的表皮柔软具有弹性，并有很好的透气性，构成一层外保护壳，而内部的分瓣将果汁紧紧地包裹，"整合"为一体，整个包装结构紧凑、轻盈；樱桃果子以它们装潢美丽的外观、甜蜜的果汁吸引着鸟类，将其带往四方，生根发芽；豌豆豆荚的结构和人们装鸡蛋的包装有着异曲同工之处。其如图1.3所示。

反观人类社会，人们在改造自然的同时也创造了各种各样的"包装"形式。建筑是一种包装，建筑以其复合的材料与奇妙的结构划分出一定的空间，包容、保护着人类，不仅可避风挡雨，而且可以保温通气。人类的服装也是一种包装。服装以永无穷尽的样式与色彩给人以美的外观。各式各样的面料可以满足透气性、保暖性、绝缘性、防水性等各种常规或非常规的需要。

人们发现，在我们的生活中无所不在的包装可以说是"包容万象"。包装的形式越来越多样，包装的功能不断拓展，包装以飞快的发展速度展现着自己的新面貌。比如：有的包装只是一种促销标识标牌，因而并不具备保护产品的功能；有的包装是无形的包装，如一些应用软件，其保护产品的"包装"可能是一些眼睛看不见的密码；有的包装重在感情的表达，没有甚至很少其他功能；有的包装与各种各样的促销广告结构相结合，具备了新的功能与结构形式。其如图1.4所示。

图1.3 鸡蛋的包装

现代包装设计

图1.4　与POP广告结合的包装设计

今天，包装的概念无论是在内涵上，还是在外延上，有了新的内容与界定。人们必须以全新的视角来观察、认识包装，以全新的方式来更新、充实与扩展包装设计的概念。

1.1.3　现代包装设计的概念

现代包装概念是一种动态性的概念。我们要将包装放在动态的、不断发展更新的市场环境中来发现和认识其内涵。什么是设计？概而言之，设计是解决问题——解决人们在生活中所遇到的各种精神与物质方面的问题。

包装设计的英文为Package Design，是一门独立的自成体系的新学科，是视觉信息的一种传达，它要解决产品的促销、企业形象的宣传、产品品质的说明等问题，由此，我们可以将包装设计看成是一种视觉传达设计。

包装设计要解决产品的保护、运输、储藏等一系列问题，还要解决如何减少对环境的污染、保护生态的问题。由此，我们又可以将包装设计看成是一种工程设计。

从包装设计所要解决这么多的问题来看，它应当是一种综合着社会学、经济学、心理学以及物理、化学、机械、材料等多种学科知识、技能的复合性设计。

如果要将包装设计的概念进一步阐述的话，我们认为：现代包装设计的性质主要体现在它的各种功能上，包装的设计是多种功能的满足。从这一点出发，我们可以将现代包装设计视为是一种合乎人的审美、生活需求，合乎生产技术、环境生态需求，合乎商品的保护、运输、销售需求的综合性设计。

1.1.4 包装功能的重新认识

在现代社会中，包装设计必须具有以下一些功能，它们是我们确定包装概念内涵的重要依据。这些功能是：保护商品的功能，运输商品的功能，美化商品、促进销售的功能，传达有关商品信息的功能，便利功能和保护环境生态的功能。

1. 保护功能

保护功能，就是保护内容物，使其不受外来冲击，防止因光照、湿气等造成内容物的损伤或变质，也是包装最基本的功能。一件商品，要经多次流通，才能走进商场或其他场所，最终到消费者手中，这期间需要经过装卸、运输、库存、陈列、销售等环节。在储运过程中，很多外因（如撞击、潮湿、光线、气体、细菌等因素）都会威胁到商品的安全。由于商品的属性与需求的不同，有时为了保护商品，延长商品的寿命，包装的保护性功能往往比外部的装潢更重要，甚至必须付出更高的成本。其如图1.5-1.6所示。

2. 运输功能

产品生来就是要流通的，一种产品，从工厂到商店要经历多次的运输、搬运、仓储等环节，这就要求产品的包装适应这一过程。好的包装应该方便搬运，利于运输，在仓储时能够牢固地存放。其如图1.7所示。

图1.5 食品防潮包装设计

图1.6 环保材质的鸡蛋包装盒

图1.7 便于储运和流通的箱体包装设计

3. 美化商品、促进销售的功能

现代包装设计要求将"美化"商品的内涵更具体化。包装的形象不仅要体现出生产企业的性质与经营特点，体现出商品的系列性，也是整个企业生产营销的一个不可分割的环节，而且要体现出商品内在的品质，能够反映不同消费者的审美情趣，满足他们的心理与生理的需求。

以前，人们常说"酒香不怕巷子深"，只要产品质量好，就不愁卖不出去。在市场竞争日益激烈的今天，包装的作用与重要性也为厂商深谙。因为，在各种超市与自选卖场如雨后春笋般而起的今天，直接面向消费者是产品自身的包装。包装要能向消费者准确、快速地传达产品的类别、性质、容量、使用方法、保质期等信息，来引导消费者的购买行为。成功的包装设计可以使商品轻易地达到自我销售的目的，能直接吸引消费者的视线，让消费者产生强烈的购买欲，从而达到促销的目的。其如图1.8所示。

图1.8 与广告融为一体的包装设计

4. 传达有关商品信息的功能

现代市场销售方式的发展变化，对包装设计传达商品信息这一功能提出了许多新的要求。由于超市等自助式销售商店的出现，包装越来越成为无声的推销员。商品的数量、质量、使用方法、生产与保存日期，生产企业以及它们的地址、联系电话、各种相关的产品生产标准、卫生批号等信息，必须明确地表达在包装上。特别是食品等商品，人们还要求最大限度地、感性地、直观地了解产品，包装设计要充分地将有关的形象或信息体现在包装上。其如图1.9所示。

5. 便利功能

所谓便利功能，就是指商品的包装是否便于使用、携带、存放等。一个好的包装作品，应该以"人"为本，站在消费者的角度考虑，这样会拉近商品与消费者之间的关系，增加消费者的购买欲及对商品的信任度，促进消费者与企业之间的沟通。其如图1.10所示。

第1章　包装概论

图1.9　透明直观的食品包装

图1.10　便利的包装设计图

6. 保护环境生态的功能

这是近年来包装设计师们谈论最多的一个方面。随着世界经济的发展，各国工业化程度的不断提高，保护生态、保护环境的问题日益受到人们的重视。在包装设计方面，绿色包装、生态包装已成为各国包装设计师一个共同追求的目标。在发挥包装保护环境生态的功能这一领域，经过多年的努力，人们已在包装生产中的材料与能源的节约、包装材料的可回收率和再生率的提高、包装材料在销毁上的便易，以及尽可能保护生态平衡、防止破坏环境等方面取得了很大的进展。其如图1.11所示。

图1.11　环保材质的包装

007

1.2 包装的类型

　　研究包装的种类，有助于设计者对包装的形态、功能、材料、技术等方面有一个初步认识，对于规范不同种类包装的称谓也有一定的意义。目前，对此尚没有统一的标准，并且，不同的学者从不同的角度去分类，各抒己见。例如徐百益先生介绍了美国人的分类做法，他本人也赞同此法。徐先生认为：商品包装，是一个总称，可以细分为三大类：容器（Vessel）；包装（Package）；商品外包装（Packing Case）。容器即是盛装商品所必需，又是美化商品所必需，同时还有保护商品的作用，有时不称为Vessel，而称为Pack，如瓶、罐、盒、袋等。包装一般指容器外面的包装，有箱、盒、瓶、袋、罐、听、桶、盆、杯等形式。商品外包装指木箱、纸板箱等便于运输的包装。

　　因为前两种根据不同的商品，有的只有一种，有的两种兼备，因此，美国把前两种总称为容器（Container），第三种称为包装（Packaging）。通常我们把前两种称为销售包装，把第三种称为运输包装。其如图1.12所示。在广告中表现的是前两种。因此，第三种就不在我们论述的范围。但是我们不能忽视它的重要性，因为如果外包装不牢固，就会造成损失。

　　以上分类的方法是从形态学的角度出发，但是由于如今商品种类繁多，形态各异，其功能、作用、外观、内容也是五花八门。所谓内容决定形式，包装也不例外。所以，为了区别商品、方便设计，我们还可以对包装进行如下分类。

图1.12　销售包装

1.2.1 按产品内容分

包装按产品的内容分为日用品类、食品类、烟酒类、化妆品类、医药类、文体类、工艺品类、化学品类、五金家电类、纺织品类、儿童玩具类、土特产类等。其如图1.13、1.14所示。

图1.13 化妆品类的包装

图1.14 酒类包装

1.2.2 按包装的用途分

1. 销售包装

销售包装又称商业包装，可分为内销包装、外销包装、礼品包装、经济包装等。销售包装是直接面向消费者的，因此，在设计时，要有一个准确的定位（关于包装设计的定位，在后面有详细介绍），符合商品的诉求对象，力求简洁大方，方便实用，又能体现商品性。其如图1.15所示。

2. 储运包装

储运包装，也就是以商品的储存或运输为目的的包装。它主要在厂家与分销商、卖场之间流通，便于产品的搬运与计数。设计并不是重点，只要注明产品的数量、发货与到货日期、时间与地点等即可。其如图1.16所示。

图1.15　食品类销售包装

图1.16　储运包装

1.2.3 按流通的功能分

按流通的功能分类,包装可分为小包装、中包装、大包装。

1. 小包装

小包装也称内包装或个包装。它是与产品最亲密接触的包装。它是产品走向市场的第一道保护层。个包装一般都陈列在商场或超市的货架上,最终连产品一起卖给消费者。因此我们设计时,更要体现商品性,以吸引消费者。其如图1.17所示。

2. 中包装

中包装主要是为了增强对商品的保护、便于计数而对商品进行组装或套装。比如一箱啤酒是6瓶,一捆是10瓶,一条香烟是10包,等等。其如图1.18所示。

图1.17 食品的小包装

图1.18 啤酒的中包装

3. 大包装

大包装也称外包装、运输包装。它的主要作用是增加商品在运输中的安全性，且又便于装卸与计数。大包装的设计，相对个包装简单得多。一般在设计时，也就是标明产品的型号、规格、尺寸、颜色、数量、出厂日期。再加上一些视觉符号，诸如小心轻放、防潮、防火、堆压极限、有毒等等。其如图1.19所示。

1.2.4 按包装材料分

不同的商品，由于它的运输过程与展示效果不同，所使用的包装材料也不尽相同，如纸包装、塑料包装、木包装、金属包装、玻璃包装、陶瓷包装、棉麻包装等。

1. 纸包装

（1）纸箱：统称瓦楞纸箱，一般由三层或五层瓦楞纸制成，主要用于储运包装，具有一定的抗压性。纸箱在成型时，由于受纸面幅宽的限制，因此有一页成型的纸箱，也有两页成型、四页成型的纸箱，它们分别有两道接口或四道接口。此外，纸箱的盖有对口、大盖、搭盖之分。上述纸箱从形态来看是整体形态，纸箱也有分体式的，即通称的天扣地式。其如图1.20所示。

（2）纸盒：用于销售包装，分为不可折叠（裱糊盒）和折叠两种形态。在折叠盒这类包装中，又分为一体式和分体式两种：

分体式：由盒盖和盒底两部分组成，有天地盖式（如糕点盒）、帽盖式（鞋盒）、抽屉式（类似火柴盒）。其如图1.21所示。

一体式：以摇盖盒为主（如牙膏盒、药盒、酒盒等）。此外，由摇盖盒派生出许多种式样的盒子，如手提式折叠盒、POP陈列式、推拉式、组合式、开窗式、自动式折叠盒等等。其如图1.22所示。

图1.19　啤酒的大包装、中包装、小包装

第1章　包装概论

图1.20　天扣地式包装

图1.21　抽屉式包装盒

图1.22　摇盖式包装盒

（3）纸袋：纸袋分为手提袋和小纸袋两种，用以替代塑料袋，有益于环保。其如图1.23所示。

（4）纸筒：用板纸条缠卷黏合制成，分螺旋形卷绕合成桶和多层卷绕合成桶，上下盖常用塑料、金属扣合。其如图1.24所示。

2．塑料包装

（1）塑料桶：多以高、低压乙烯为原料，采用中空成型和注塑成型。软桶用高压聚乙烯，硬桶用高、低压聚乙烯或全低压聚乙烯原料制成。

（2）塑料瓶：一般多用作灌装液体商品包装，用作食品、药品等包装必须采用无毒塑料瓶。

（3）塑料盒、罐：常用聚苯乙烯、聚乙烯、硬质聚氯乙烯制成。

（4）塑料袋：经吹制而成的薄膜包装或以复合薄膜热合封口的袋包装，用途很广泛。

现代包装设计

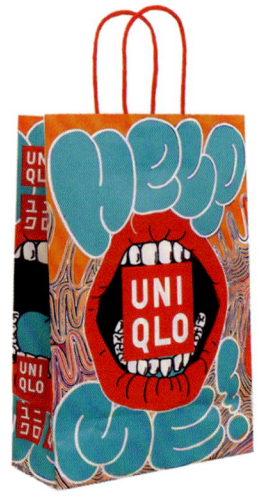

图1.23　手提袋

图1.24　纸杯设计

（5）塑料编织袋：经纬线均用塑料扁丝织成，适用装粮食、饲料等大颗粒商品。有的编织袋为防止并丝出洞，还在袋的内层涂覆一层聚烯烃薄膜，还有的用塑、麻混织。其如图1.25所示。

3. 木包装

在木质包装中，木箱主要用于储运包装，又称大包装；木盒主要用于销售包装，又称小包装。在销售包装中也有模拟木箱的形状。木盒包装选用的木材有泡桐木、松木、硬杂木等。其如图1.26所示。

图1.25　涂覆薄膜的塑料编织袋

第1章　包装概论

图1.26　酒类木盒包装

4．金属包装

这类包装多用马口铁制成，也有用镀锌铁皮加工而成。在销售包装中，通过印铁工艺直接印刷制成的桶、罐、盒、听，多用于罐头、糖果、高级糕点等销售包装。此外，常用的金属容器还有镁铝合金易拉罐、铜或锡制的包装盒等。其如图1.27所示。

图1.27　金属罐包装

5．玻璃包装

多用于酒瓶、罐头瓶、饮料瓶、药瓶、佐料瓶等。玻璃瓶分为广口瓶和小口瓶。从色泽上区分，有青料瓶、白料瓶等。其如图1.28所示。

图1.28　玻璃饮料瓶

现代包装设计

6. 陶瓷包装

主要有陶罐、陶坛、瓷瓶,多用于土特产、酒类包装,是传统包装的主要形式。更大的陶器包装是缸和坛,这类包装比较笨重,破损率高。其图1.29所示。

7. 棉、麻织品包装

土特产品的传统包装,常用的有布袋和麻袋。其如图1.30所示。

8. 竹、柳、草编包装

多用于传统包装。对于人力资源充裕、自然物产丰富的地区适于发展这类包装形式。如疏眼竹编面筋袋,用柳、桑、槐、荆条编的筐、盘、花篮都是十分常见的植物类包装。其如图1.31所示。

图1.29 陶制包装

图1.30 质朴的棉麻织品包装

图1.31 编织包装

1.3 包装设计的发展历史

1.3.1 包装的起源

人类在认识自然的过程中，就从大千世界的纷纭万象中学到了丰富的知识。自然界不但给了人类很多启发和智慧，也给人类提供了大量可赖以生存的物质。关于包装的起源，我们可以作出这样的论断，早期人类在技能还不发达的时候，人们就懂得了如何将物品盛装起来，并从生活中逐渐发现了一些适合包装的材料。利用植物的枝叶、动物的皮毛、泥土和沙石，人类学会了编结、缝纫、制陶等一系列手工艺，并用它们包装食物和人类自己。

远古，人们为了生活的需用，使用最原始的包装方法，这些包装的材料和形态都只能是取之于自然界，而再做力所能及的简单加工，其目的也仅仅是为了保存生活资料，如树叶、树皮、竹筒、果壳、动物的肠、膀胱，以及用草编的绳子，树枝、竹枝编的筐子等。陶器的诞生创造了人类包装史上光辉的一页，从此人类开始了有目的、有意图的包装创作。今天我们可以看到的六千年之前的彩陶，无论造型还是图案，都让现代的设计师们叹服之至。

随着时代的发展，生产力的不断提高，包装已不仅仅只具有最为原始的保护及容纳物品的功能，而是具备了更为完善的多种功能，如便携性、贮藏性、美观性等功能也都逐渐显现出来。尤其是第一次工业革命后，由于生产技术的发展，使得产品成本大幅降低。如何流通产品，如何拓展市场，引起了人们的高度重视。19世纪30年代的全球性经济危机，使产品大量积压，更是直接刺激了厂商。为了促进销售，他们开始研究包装设计，希望借助产品包装及广告媒体促进产品的销售，提升产品的附加值。包装已成为现代商品生产不可分割的一部分，也成为各商家竞争的利器。

随着新世纪的到来，国际贸易的飞速发展，包装新材料、新机能也迅速发展起来。包装作为"无声的推销员"，其地位已越来越显著。在经济全球化的今天，包装更成为商品不可分割的一部分。包装在生产、流通、销售和消费领域的作用越来越重要，包装设计的优劣直接影响着产品的销售。因此，今天的世界比以往任何一个时期都更加关注包装的设计。其如图1.32所示。

1.3.2 我国包装发展的基本概述

"包装"一词字面意思有包裹、贮藏之意。中国古文字中的"包"字是一个育子于子宫之中的象形文字，"象子未成形也"（许慎：《说文解字》），它反映了古人对包装的认识与理解。后有人把包装比做如胞衣保护胎儿一样重要，是非常贴切的比喻。

古代劳动人民在长期的生产生活中，运用智慧，因地制宜，从身边的自然环境中发现了许多天然的包装材料，如木、藤、草、叶、竹、茎等。在古代

现代包装设计

图1.32 别致新颖的现代包装

《诗经·国风》中曾有这样的记载：野有死鹿，白茅包之，有女怀春，吉士诱之。诗中描述的是一位猎人用白茅草叶包裹鹿肉，送给他的恋人的情节。此外，相传在战国时期，人们为了在端午节这一天纪念伟大的爱国诗人屈原，创造出了一种独特的食品——粽子，它用清香的箬叶包裹糯米，形状为独特的三角形。这种形式与功能完美结合的食品一直流传到食品种类丰富的今天，仍然受到广大人民的喜爱，由此可见其包装形式的顽强生命力。

而真正作为古代商品包装载入史册的，比较典型的是战国时期（公元前475年至公元前221年）《韩非子·外储说左上》中"买椟还珠"的故事。中国有句俗语："不知葫芦里卖的什么药。"同样，用葫芦装药盛酒，在古代曾被普遍应用。

葫芦外壳坚硬，保护性好，能起到良好的抗腐防潮作用，外形美观，而且便于携带。总之，古代包装大多取材于自然界，如用泥土烧制的器皿，用草、竹、树叶、枝藤、瓜果壳、植物皮制成的容器，以及用木材、织物等原料制成的容器。其如图1.33所示。

自然材质的制成品包装，首先是从陶器的发明而产生的。在距今8000年前先民们发现了火与泥土的奥秘，创造了最古老的人造包装容器——彩陶，它的出现是原始农业经济对定居生活的需要，标志着包装文明的进步和发展。其如图1.34、1.35所示。从战国经秦、汉、三国、晋、南北朝至隋的一千零九十余年间，发掘出大量陶、青铜、干漆、木等材料制作的包装容器。

第1章　包装概论

图1.33　天然材质包装

图1.34　半坡陶器

图1.35　马家窑陶器

造纸术的发明是中华民族对世界文明所做出的重大贡献。纸的出现，逐渐替代了以往成本昂贵的绢、锦等包装材料。《汉书·赵皇后传》中就有用纸包装中药的记载。唐朝时始出现了把麻纸上蜡加工的蜡纸，用于包装食品不浸油，防潮气。纸除了用于包装食物和中药材之外，还用于香料、化妆品、染料、颜料、火药、食盐等粒状产品和小件物品的包装。我国民间应用极普遍的"八角包"，将那种微黄粗糙的纸用于包装各类土产、药材、糕点，在饱满的体量感的斗方造型上附以红色纸，表示福禄寿喜、吉祥如意，在边卖边包的过程中给人以潜移默化的亲切感。其如图1.36所示。从此，在商业活动中，纸被运用到各类物品的包装中。

印刷术是中华民族的另一重大发明，早在东汉时期就出现了印刷的早期形式——拓印。现在留存下来不少单张的石刻拓印，被看成是早期的印刷品。隋唐时期，雕版印刷技术已经相当高超，比如现存最早的雕版印刷品之一——敦煌发现的公元868年刻印的《金刚经》，版面工整，图文并茂，印制精美，体现了印刷技术与版面设计的结合。

印刷术的发明广泛地运用到包装设计当中，大大拓展了包装的宣传功能。如在包装纸上印制的商号、宣传语和吉祥图案。由于纸质不能长久保存，所以我国现存最早的印刷品包装资料是北宋时期山东济南刘家功夫针铺的包装纸，其四寸见方，铜版印刷，中间是一个兔子的图形标记，上半部左右写着"认门前白兔儿为记"。其如图1.37所示。图形鲜明，文字简洁易记，已经具备了现代包装的基本功能，尤其是体现了明确的促销功能。

现代包装设计

图1.36 民间的"八角包"包装

图1.37 北宋刘家功夫针包装纸

包装业的发展主要依托于不同时代经济和科学技术的发展。中国古代包装经历了唐、宋、明诸朝代的鼎盛期之后，到清末，中国饱尝了帝国列强的侵略和奴役之苦，脆弱的民族资本主义受到致命的摧残，包装业同样厄运难逃。直至20世纪40年代，中国包装业终未形成独立的体系，甚至不少包装设计蒙有一层半封建半殖民地色彩。其如图1.38所示。

20世纪50年代，我国的包装事业出现新的起步，政府重视设计教育，培养新型专业设计人才。在短时期内，中国包装虽然在精神面貌上发生了根本的变化，但在包装技术上仍处于非常落后的状态。

20世纪60年代，正当世界包装运动活跃之时，我国开始了"文化大革命"运

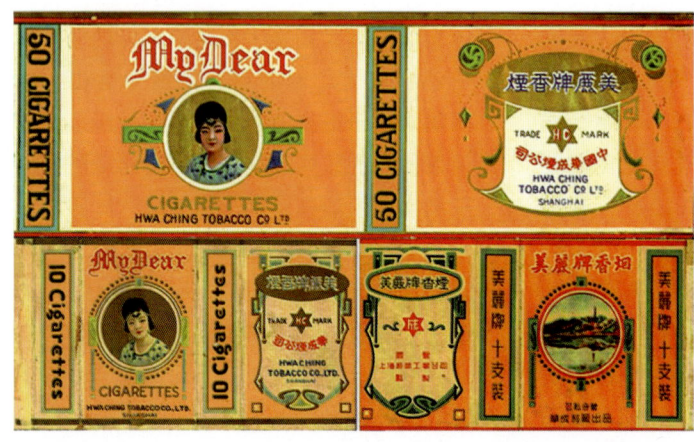

图1.38 20世纪初哈德门牌香烟包装

动，当时包装设计沉浸在一片"红海洋"中，红旗、葵花向阳加语录充斥在各种物品包装上。

20世纪70年代初，正值"文化大革命"后期，全国各地设计部门均处于封闭状态，大家苦于耳目闭塞，便自发地组织了"七省市十五单位设计交流活动"，此举很快在全国产生影响；80年代初，成立了"中国包装技术协会"，这是中国包装向现代化迈进的新起点。1982年举办了新中国成立以来最大规模的"全国包装展览会"，进行了全国包装大检查，提出了加强科学研究的包装工作方向。直至20世纪末，中国包装才真正发展壮大起来，形成独立的体系，其发展速度超过历史上任何一个时期。尽管如此，中国包装和发达国家及地区相比，仍然存在一定的差距。

1.3.3 欧美包装发展的基本概述

欧洲的商业文明则是以地中海沿岸展开的，海运的发达促进了商业的发展。比如埃及的玻璃容器和制法就很快传到了欧洲大陆。其如图1.39所示。

在人类漫长的文明进化历程中，每一项科技发明、社会变革、生产力提高，以及人们生活方式的进步、环境的变化，都会对包装的功能和形态产生很大的影响。从包装的发展演变过程中，能清晰地看出人类文明进步的足迹，包装设计作为人类文明中的一种文化形态，它的发展与演变，对今天的设计工作具有非常现实的意义。其如图1.40所示。

图1.39 古埃及的玻璃容器

图1.40 FAMOUS GROUSE 新旧包转比较

现代包装设计

早在1860年，美国人爱默生写了一本名为《生活指南》的书，这是一本较早谈到有关商品包装的书籍。在这部书里，他讲到，当时的商人们已经注意到在运输过程中存在着货物的破损问题，于是产生了以保护商品安全为目的的包装。其实，早在18世纪中叶，高档货物的包装已经成形，但其包装功能基本上是围绕着运输问题展开的。在那时，易损商品的零售包装，虽已零星出现，但其水平尚处于初级阶段。

当运输包装的问题解决以后，生产者和经销商对运输的效率不再是最关心的问题了，一个新的思路开始支配着商品的买卖：商品包装的功能。包装除了有保护产品的功能外，还具有另外两个功能，即美化外表、便利经销。虽然人们在这两方面也作了初步尝试，但其包装设计仍处于"原始"状，设计的个性化尚无显现，通常是千篇一律的。

19世纪早期，厂家包装的出现可以说是商业中的一场革命，它奏响了现代商业的序曲。它把买卖双方的距离拉近，它避免了零售商们在售货时对质量的"再造"——掺假和对数量的"控制"——短斤少两，它还可以直接把大宗购买的优点传递给消费者。

随着商品印刷术的改进，商业雕刻师们的技艺也有所提高。到了19世纪50年代，彩色印刷得以推广，在随后的30年里，它极大地推动了包装设计广泛而快速地发展。尤其是烈性酒、香烟、调味剂、化妆品和药品的设计，更是成绩斐然。许多世界驰名的品牌出现于这一时期，如巴斯(Bass, 1855)、吉尼斯(Guinnss, 1862)、马爹利(Martell, 1844)和轩尼诗(Henness, 1860)等。其如图1.41所示。

到了19世纪后半叶，厂家包装才渐渐普及。设计精良的包装已经整齐地排列在商店的货架上，这样，精美的包装就成为商品自身的无声推销员。

20世纪初，在欧洲大陆和美国产生了影响面相当大的装饰艺术运动——新艺术运动。在这一运动的影响下，包装设计横扫19世纪弥漫欧洲的烦琐矫饰的维多利亚风格，力求从自然、东方艺术中吸收营养，特别是植物纹样和动物纹样，是这一时期包装设计的主要形式，较少运用直线，主张以有机的曲线为形式中心。其如图1.42所示。

图1.41　19世纪中期轩尼诗品牌确立

图1.42　骆驼牌香烟

第1章 包装概论

在这一阶段，早期的包装开始过时，厂家面临一个难题——那些已经确立起来的品牌形象，大众已很熟识，加之多年的商业培植，是否应该换掉？在许多包装实例中，设计风格开始出现细微的而又不会使消费者对其内在品质产生怀疑的转变。这一设计上的渐变是难能可贵的，因为它照顾到了文化和商业两个方面。

20世纪30年代以后，欧洲和美国的企业中已有专门的设计队伍，设计已成为社会生产活动的一个不可分割的重要环节。人们对于设计风格有了日益明显的要求，这是消费社会形成后的重要特征之一。第二次世界大战结束以后，国际主义设计成为欧洲大陆和美国设计的主要风格，国际主义设计运动在20世纪50～70年代风行一时。国际主义设计具有形式简单、反装饰性、强调功能性、系统化和理性化的特点。这一时期的包装设计构图简单明快，高度功能化、非人情化。这种风格适应了经济的高速发展，与国际交往日益频繁的商业社会更加吻合，以不变应万变是国际经济发展中最好的设计方式。其如图1.43所示。

20世纪80年代，美国人领导了一次包装设计的文艺复兴。现代设计的变革比任何时代都剧烈，新设计风格层出不穷，但基本上是对以往设计的调整、补充、改良和发展。20世纪90年代，高科技时代随之到来，此时，人们普遍认识到，自身发展所赖以存在的环境的重要性。在一浪高过一浪的环保大潮的推动下，崇尚自然、原始、健康的观念深入人心。包装设计在这一理念的支配下，向"轻量化"、"小体积"的方向发展。其功能不仅仅限于能够容纳、保护、促销等要素，而且开始倡导"绿色包装"这一消费市场的新观念，使产品与包装材料向着"无污染"的方向发展。因此，既节约天然资源，又不至于破坏生态环境的环保意识设计，成为20世纪90年代包装设计的一种新导向。其如图1.44所示。

图1.43　简洁的国际主义风格的包装

图1.44　环保的绿色包装

1.3.4 包装设计的新形态与新理念

1. 包装设计的新形态

新产品的产生、消费形态的改变、商业流通的发展、新材料的涌现、制作工艺与技术的改进、市场营销的发展等都会促进新的包装形态的出现。甚至人们的生活观念、审美情趣的改变也会对包装形态产生影响。充分了解包装新形态的发展因素，对于准确把握设计的理念和形态、着眼于包装设计发展的未来是很有帮助的。

进入科技信息飞速发展的今天，生活形态和消费形态都发生了很大的变化。从20世纪包装的发展来看，像POP式包装、便携式包装、易拉罐、压力喷雾包装、真空包装等形态的出现，无一不是消费需求的结果。随着人类文明的进步，新产品不断出现，有些新产品所涉及的是人类以前尚未涉及的新领域，比如说微电子、超导体、生物基因制品、纳米产品等。这些新产品对包装设计本身也提出了新的挑战，如何保护、保存这些产品，如何让它们安全地进入流通领域，又如何能在商业销售中取得成功这些新的课题促进了包装结构、包装材料、视觉传达等方面的不断更新与进步，从而适应新产品和时代的需要。其如图1.45所示。

2. 包装设计的新理念

包装设计与生态环境的关系，是自工业革命以来人们面临的最大挑战。工业革命改变了世界，提高了人们的生活水准，但它也带来了生态环境的破坏。自20世纪80年代以来，越来越多的设计师开始意识到了包装设计对保护环境所具有的重大意义。

人们最初的做法是在包装上加入各种环境保护的标志与口号，对环保进行各种宣传。20世纪60年代，一些包装上开始出现了"请在抛弃这个包装时注意环境的整洁"等字样，提醒人们对环境的保护意识。以后这种口号转变为一些标志性的图形。20世纪90年代进入了"绿色主义"消费时期，是环境保护意识愈加觉醒的年代。迈入21世纪，随着经济技术的进一步发展，从理论到实践，人们开始对环境友好的绿色包装理念进行了大量有成效的探讨研究。其如图1.46所示。

图1.45 新形态的包装设计

图1.46 环保理念包装图

（1）绿色包装的提出。绿色包装发源于1987年联合国环境与发展委员会发表的《我们共同的未来》，到1992年6月联合国环境与发展大会通过了《里约环境与发展宣言》、《21世纪议程》，随即在全世界范围内掀起了以保护生态环境为核心的绿色浪潮。绿色包装（Green Package）有人称其为环境之友包装（Environmental Friendly Package）或生态包装（Ecological Package）。绿色包装应是：对生态环境和人体健康无害，能循环复用和再生利用，可促进国民经济持续发展的包装。也就是说包装产品从原材料选择、产品制造、使用、回收和废弃的整个过程均应符合生态环境保护的要求。它包括了节省资源、能源、减量、避免废弃物产生，易回收复用，再循环利用，可焚烧或降解等生态环境保护要求的内容。随着科技的进步，绿色包装还将有新的内涵。

（2）绿色包装的内涵。绿色包装一般应具有以下五个方面的内涵：

①实行包装减量化（Reduce）。包装在满足保护、方便、销售等功能的条件下，应是用量最少。

②包装应易于重复利用（Reuse）或易于回收再生（Recycle）。通过生产再生制品、焚烧利用热能、堆肥化改善土壤等措施，达到再利用的目的。

③包装废弃物可以降解腐化（Degradable）。其最终不形成永久垃圾，进而达到改良土壤的目的。

Reduce、Reuse、Recycle、Degradable即是当今世界公认的发展绿色包装的3R1D原则。

④包装材料对人体和生物应无毒无害。包装材料中不应含有毒性的元素、病菌、重金属，或这些含有量应控制在有关标准以下。

⑤包装制品从原材料采集、材料加工、制造产品、产品使用、废弃物回收再生，直到其最终处理的全过程均不应对人体及环境造成公害。

（3）绿色包装的主要手段。实现绿色环保包装需要全社会的共同努力，具体的应从以下两方面入手：

①树立绿色包装设计理念。新事物层出不穷，人与生态环境的关系是目前人类面临的重大问题，我们倡导绿色环保的包装，首先需要全方位、整体、系统的包装设计的新理念，遵循"减少、回收、再生"的原则，在包装设计时采用最少量的材料、最简单的包装结构、最洗练的造型、最精炼的文字及最准确的信息传达，尽量减少过度包装带来的负担。其如图1.47所示。

图1.47　新型的环保材料包装

②开发并采用环保型材料。绿色包装更重要的一点是开发并选择可降解、可回收的包装材料。可降解材质包括竹、木、藤、柳、草编织品和麻织品等天然材质以及利用新科技手段研制的复合性材质。如图1.48所示。使用可降解材料，材料使用后可在自然环境中逐步分解还原，最终以无污染的形式回到生态环境中去。目前国际上流行的"可降解新型塑料"具有废弃后自行分解消失、不污染环境的优良品质。德国发明了一种由淀粉做的遇到流质不溶化的包装杯，可以盛装奶制品，其废弃后也容易分解掉。美国研究出一种以淀粉和合成纤维为原料的塑料袋，它可以在大自然中分解成水和二氧化碳。荷兰和意大利等国已立法规定某些塑料包装材料必须采用可降解塑料，有害环境的包装一律不得投放市场。

近年来，中国和世界其他国家一样，致力于环保型材料的开发与应用，国家推出了多项法律，对环境有破坏作用的包装材料进行了限制生产与使用，并在绿色包装的研究与开发上取得了一定的成绩。

图1.48　形式新颖的天然材质包装

课题训练

第1章

1. 正确理解现代包装设计的概念。

2. 阐述包装设计的历史、现状和发展趋势。

3. 根据包装的类型，针对某一类包装做市场调研，分析此类包装的市场现状及同类包装优劣，发表自己的见解。

第2章

包装的材料

2.1 包装材料的演进　P.029

2.2 包装材料的种类　P.034

2.1 包装材料的演进

包装发展的历史,既是包装材料及制造工艺的发展史,也是包装形态不断适应市场竞争而变化的历史。包装材料的发展是以科学技术为基础的,同时现代各种软包装材料、复合包装材料、积层包装材料、缓冲包装材料的出现,不但是材料制造技术的发展,更带动了包装设计形式与方法的突破。今天,丰富多彩的包装形态,同样历经了不断演变的过程。包装材料种类繁多,本章就现代设计中常用的几类材料的历史演进过程进行介绍分析。

2.1.1 纸材包装

19世纪中叶,英法等国和美国市场上的纸盒包装就已普及了。纸盒包装成本低,制作工艺相对简单,而且在包装上可以印刷精美的图案,宣传效果好。瓦楞纸的出现,也使纸质包装的应用领域扩大到运输用的外包装中。在发展过程中,人们逐渐克服了纸包装防油、防潮性差的缺点,生产出适合商品特性的特种纸张。1897年,美国开始出现经过涂蜡处理的饼干纸板箱包装。20世纪50年代,瑞典的一家公司运用与塑料复合制成的纸来包装牛奶,包装呈三角形,造型新颖,饮用方便。随后,英国在此基础上把包装形态改成方砖形,这种包装很快取代了传统的玻璃瓶,而且还被用来包装果汁、饮料等其他液态产品。其如图2.1所示。

纸板包装在成型上非常简便,在形态上随着市场的需求而变化,及时易行。尤其随着售卖方式的改革,纸包装形态也出现了很大变化,比如更适合于超市销售的POP式包装、快餐包装、个性化的专卖店产品包装等。其如图2.2所示。

图2.1 饮品纸包装

现代包装设计

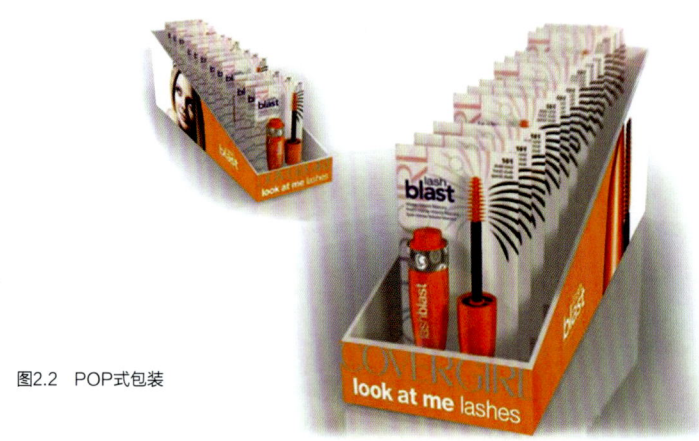

图2.2 POP式包装

2000年我国人均纸张消费26千克（上海人均已达100千克），仅及世界人均消费水平的一半，远低于发达国家年人均200千克至300千克的水平。改革开放以来，国内纸张消费需求日趋旺盛。20世纪90年代，我国纸张消费量以年均12%的速度递增，去年达到约3500万吨，仅次于美国，居世界第二位。根据规划，到2005年，我国纸张消费量将达到3800万吨至4000万吨，2015年可望增至6000万吨至6500万吨。我国纸张产品市场蕴藏着巨大潜力。

2.1.2 玻璃包装

玻璃起源于埃及，早在公元前16世纪，古埃及人就发明了以石英石为原料，用热压法生产玻璃容器的方法。公元前1世纪，罗马人发明了吹制玻璃的方法，并创造出"浮雕玻璃工艺"。这种吹制技术在汉代从罗马传入了我国，到了明代，我国已经能大量生产玻璃器皿。玻璃瓶则早在公元300年就在罗马普通人的家庭中得到使用。1809年，阿珀特发明了用玻璃瓶保存食品的方法。此后到19世纪后半叶，在商店、杂货店中出售的许多商品都使用玻璃瓶作为包装，如1884年，牛奶开始使用玻璃瓶进行灌装生产。玻璃瓶作为酒的包装，尤其是红酒的包装已有很长的历史。1903年，欧文斯成功研制出了全自动玻璃制造机械，使廉价的瓶装啤酒的大规模生产成为可能。20世纪后期，玻璃制造的新技术不断出现，钢化工艺、浮雕工艺、喷砂工艺、彩绘工艺等，为酒类、化妆品、食品等的包装容器带来了更美观的形态。其如图2.3、2.4所示。

图2.3　高档酒瓶容器

2.1.3　金属包装

1810年，杜兰德发明了用金属罐保存食品的方法。起初，由于生产工艺和成本的限制，金属包装并没有迅速普及开。到了美国内战期间，出于军队的需求和人们为了贮存食品以备战乱的需要，金属罐头才得以广泛使用。

由于工艺的进步，金属材料应用的范围也在扩大，1841年，美国肖像画家佩洛罗德用挤压法制造金属管装颜料。这种技术随后被大量运用，到了1892年，"高露洁"将牙膏首次装入金属软管，并很快被消费者接受。

1868年，彩色印铁技术的发明，使金属材料包装的形象焕然一新。随着石版印刷技术的发展，印铁技术也更上一层楼。1870年，英国建立了最早的金属罐生产工厂，开始机器化生产。现在，最先进的加工厂达到一天生产100万罐以上的产量，仅欧洲就有年产320亿罐以上的生产能力。其如图2.5所示。

图2.4　精美的香水瓶

图2.5　金属盒包装

铝制包装的出现是金属包装技术上的又一大飞跃，它柔软性好，重量轻（只有铁皮的1/3），光泽度也很好。20世纪30年代，许多日用品和食品都开始采用铝制软管做包装，如牙膏、面膏、胶水、鞋油、酱、奶酪、炼乳等。1943年，沙利文在美国取得了空气喷雾罐装置的专利，它结合物理学和力学原理制成的空气喷雾罐装置，为人们的生活带来了极大的方便。1963年易拉罐铝罐诞生，由于其使用的便捷性、成本的经济性而大大地促进了罐装啤酒和饮料业的发展。此外，随着技术工艺的不断进步，金属包装在成型上越发多姿多彩，应用领域也不断扩大。其如图2.6、2.7所示。

图2.6　易拉罐包装

图2.7　饮品类铝制包装

2.1.4　塑料包装

1936年，在法国，塑料薄膜的热成型法成为肉类食品的热收缩包装技术，后来结合了抽真空技术，延长了肉类食品的保质期。塑料成型技术的进步，凭借其成本优势、不易碎等特点，逐渐取代了许多玻璃包装。此外，原先的金属可挤压软管也逐渐被塑料软管取代。1945年，发泡聚氨酯开发出来并被大量应用于包装中，当作缓冲材料。此后，塑料材料不断改进。20世纪90年代以来，尽管塑料包装材料一直是个严重的环境问题，但从近年来发表的数据看，塑料在包装工业中仍是增长最快的材料之一。

21世纪初，随着世界经济日益增长，高科技不断发展，产品日新月异，日用品包装、食品包装、工业包装都有了更高的要求。聚乙烯、聚丙烯的开发进一步提高了软包装结构的许多性能，如韧度、透明性、阻渗性、耐热性和抗穿刺性能等，并可降低热封温度、改进加工工艺、提高包装生产线速度等。聚乙烯食品包装膜的特点之一是可以控制氧气、二氧化碳以及水蒸气的渗透率，大大延长了食品的货架寿命。

第2章 包装的材料

被誉为明日塑料之星的塑料共混物、塑料合金、无机材料填充增强的复合材料，在20世纪发展的基础上，通过基础研究和应用研究两方面的共同努力，其生产和加工技术将获得进一步提高和完善，产品性能得到改进和形成系列化，功能方面也将取得更大的进展。进入21世纪，为满足经济发展、人们生活及市场的需求，同时又要适应环保要求，各国一方面加强研究、开发，选用环境适性塑料包装材料和技术的同时，也积极研究如何加强对其废弃物的综合治理对策和措施。从技术上保证了塑料工业健康顺利地发展，展示了塑料包装的美好前景。其如图2.8-2.9所示。

图2.8 食品塑料盒包装

图2.9 新型的饮品塑料瓶包装

2.2 包装材料的种类

包装设计所用材料是十分广泛的，包装材料是指制作各种包装容器和满足产品包装要求所使用的材料。从天然材料到运用高新科技不断发展出来的合成材料，从单一材料到复合材料，在多样化的同时，更趋复杂化。包装材料是商品包装的物质基础，了解和掌握各种包装材料的规格、性能和用途，合理地选择包装材料是进行包装设计的重要条件之一。在产品包装设计过程中，使用什么材料进行包装或制作包装容器，要根据产品自身的特性而决定。目前最常用的包装材料有：纸材、金属、塑料、玻璃、陶瓷、木材、复合材料和环保材料等。在包装设计中对材料的选择，通常是以科学性、经济性、适用性为基本原则。

2.2.1 纸包装材料

"纸"指凡由植物纤维打浆及水悬浮，并在细筛网上或毛布上抄制成的纤维交织的材料。包装材料中的纸材是包装行业中应用最为广泛的一种材料，其加工方便、成本低廉，适合大批量机械化生产，而且成型性和折叠性好，材料本身也适于精美印刷。

1. 白板纸

白板纸有灰底与白底两种，质地坚固厚实，纸面平滑，具有较好的挺力强度、表面强度、耐折和印刷适应性，适用于做折叠盒、五金类包装、洁具盒，也可以用于制作腰箍、吊牌、衬板及吸塑包装的底托。由于它的价格较低，因此用途最为广泛。其如图2.10所示。

2. 铜版纸

铜版纸分单面和双面两种。铜版纸主要采用木、棉纤维等高级原料精制而成。每平方米重30g～300g，250g以上称为铜版白卡。纸面涂有一层白色颜料、黏合剂及各种辅助添加剂制成的涂料，经超级压光，纸面洁白，平滑度高，黏着力大，防水性强。油墨印上去后能透出光亮的白底，适用于多色套版印刷。印后色彩鲜艳，层次变化丰富，图形清晰。适用于印刷礼品盒和出口产品包装及吊牌。克重低的薄铜版纸适用于盒面纸、瓶贴、罐头贴和产品样本等。其如图2.11所示。

3. 牛皮纸

牛皮纸大都采用软质常绿树为原料，成本低，是目前最经济的软包装材料，设计师们都喜欢选用牛皮纸作为包装袋的材料。牛皮纸本身的灰色赋予它朴实憨厚感，因此只要一有色彩的点缀，就能表现出它的内在魅力。其如图2.12所示。

第2章 包装的材料

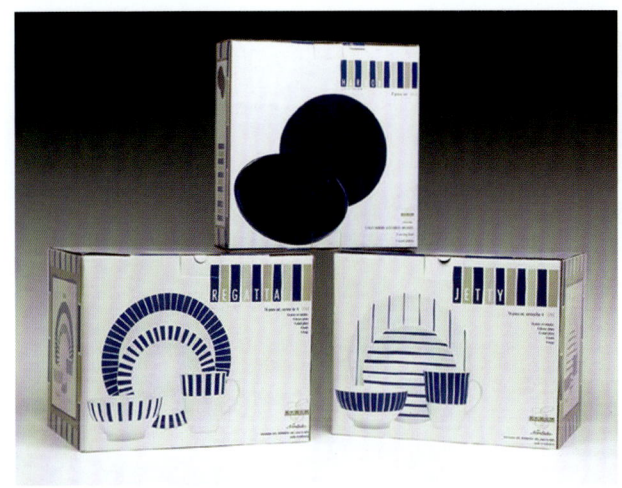

图2.10 白板纸包装

图2.11 铜版纸包装

图2.12 牛皮纸包装

4. 胶版纸

胶版纸有单面与双面之别，胶版纸含少量的棉花与木纤维，纸面洁白、光滑，但白度、紧密度、光滑度均低于铜版纸。它适用于单色凸印与胶印印刷，如信纸、信封、产品使用说明书和标签等。在用于彩印的时候，会使印刷品暗淡失色，它可印刷简单的图形文字后与黄版纸裱糊制盒，也可以用机器压成密瓦楞纸，置于小盒内作衬垫。其如图2.13所示。

5. 卡纸

卡纸有白卡纸和玻璃卡纸两种。白卡纸纸质坚挺，洁白平滑。玻璃卡纸纸面富有光泽，其中有象牙纹路的玻璃面象牙卡纸价格比较昂贵，多用于礼品盒、化妆盒、酒盒、吊牌等高档产品包装。其如图2.14所示。

6. 艺术纸

艺术纸是一种表面带有各种凹凸花纹肌理的、色彩丰富的艺术纸张。加工工艺特殊，因此价格昂贵。一般只用于高档的礼品包装。由于纸张表面的凹凸纹理，印刷时油墨不实，所以不适于彩色胶印。其如图2.15所示。

图2.13　胶版纸

图2.14　卡纸包装

图2.15　艺术纸包装

图2.16　再生纸包装

7．再生纸

再生纸是一种绿色环保纸张。纸疏松，初看像牛皮纸，价格低廉。由于它具备了以上的优点，世界上的设计师和生产商都看好这种纸张。因此，再生纸是今后包装用纸的主要方向。其如图2.16所示。

8．油封纸

油封纸可用在包装的内层，对易受潮变质的商品具有一定的防潮、防锈作用，常用于糖果、饼干外盒的外层保护纸，可用蜡封口和开启。对日用五金等产品则常常加封油脂作为贴体封以防锈蚀。其如图2.17所示。

9．过滤纸

过滤纸主要用于袋泡茶的小包装。其如图2.18所示。

10．铝箔纸

铝箔纸用于高档产品包装的内衬纸，可以通过凹凸印刷，产生凹凸花纹，增加立体感和富丽感，同时起到防潮作用。它还具有特殊的防止紫外线的保护作用，耐高温，保护商品原味和阻气效果好等优点。可延长商品的寿命。铝箔纸还被制成复合材料，广泛应用于新包装。其如图2.19所示。

第2章 包装的材料

11. 箱板纸（又称瓦楞纸）

箱板纸是将波纹槽形芯纸的单面或双面粘着牛皮纸或薄纸板所构成的容器纸板。波纹槽的凹凸深度为3mm的是细瓦楞，常作为防震直接用于玻璃器皿的挡隔纸，多作为商业包装之用，不作运输包装。凹凸深度为5mm左右的为粗瓦楞纸，多为运输包装之用，瓦楞纸箱应多考虑各种强度条件，如胶合强度、紧压强度、冲击强度、破裂强度、平压强度、耐压强度及耐折力等。瓦楞纸的用途广泛，因为瓦楞纸非常坚固，且轻巧，能载重耐压，还可以防震、防潮，更便于运输，所以常作为运输包装或普通包装之用。其如图2.20所示。

12. 黄版纸

黄版纸以稻草浆为原料制成的，其厚度在1mm~3mm，有较好的挺力强度。但表面粗糙，不易直接印刷，多用于日记本、讲义夹、文教用品的面壳、内衬和低档产品的包装盒。其如图2.21所示。

13. 有光纸

有光纸主要用来印刷包装盒内所附的说明书，或者裱糊纸盒用。其如图2.22所示。

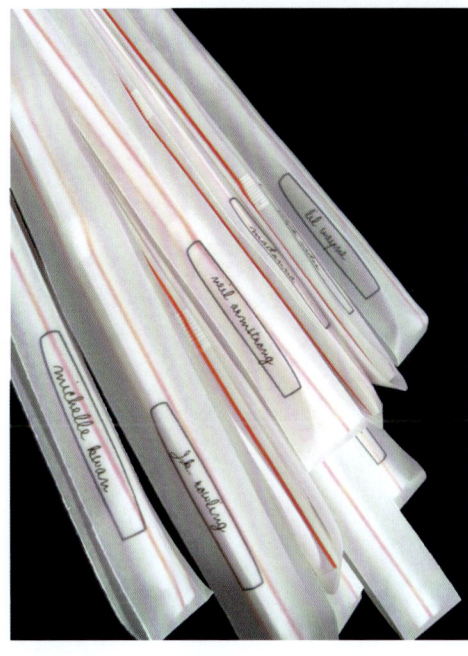

图2.17 油封纸包装

图2.18 过滤纸包装

图2.19 铝箔纸包装

2.2.2 塑料包装材料

除纸材料外,塑料是目前使用最经济、应用最广泛的包装材料。塑料具有牢固、轻便、美观、经济等优点,其可塑性强,能适应各种容器对造型的要求。形态有硬有软,透明或不透明,也可配制出各种彩色的质感。所以塑料在包装材料中占有显著的地位,随着塑料工业的发展,塑料包装正在广泛代替金属、玻璃和纸包装。其如图2.23、2.24所示。

图2.20　箱板纸包装

图2.21　黄版纸包装

图2.22　有光纸包装

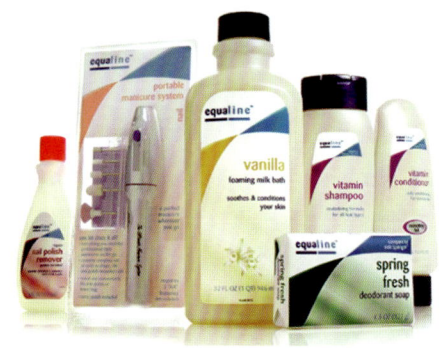

图2.23　化妆品的塑料包装

图2.24　食品类塑料包装

一般用于包装上的塑料成品可分为两大类，即塑料薄膜与塑料容器材料。

1. 塑料薄膜

塑料薄膜具有高强度、防湿性、高阻隔性等作用，是小包装的最佳内层材料。薄膜是用各种塑料通过特殊加工制成的包装材料（通常国内把厚度0.2mm作为区分片材和薄膜的界限），具有价格低、透明性能好、保护性能好的特点。常作为商品的紧缩包装，可密封、防潮、防腐。在真空灭菌状态下密封，可制作软包装罐头。缺点是不耐高温，透气性较差。其如图2.25所示。应用于包装上的塑料薄膜，按组织结构、加工方法、使用需求等不同，可区分为单层与复合两大类别。

（1）单层薄膜：单层薄膜材料主要用途为：日用品、购物袋、工业原料袋、蔬菜、鱼、肉等包装用材。主要有以下几种：

①聚氯乙烯（PVC）薄膜：是塑料工业中生产最多的品种之一。根据聚乙烯单体在聚合时的加压条件，可生产出高压聚乙烯、中压聚乙烯和低压聚乙烯三种，无毒并有一定的张力，透明性能好，其透明度超过聚乙烯薄膜和玻璃纸，光泽耀眼，不发黄，抗脆裂，抗老化，防潮，并有良好耐油脂性及尺寸稳定性。可用于化工产品、纺织品、药品、服装和生活用品等。其如图2.26所示。

②聚丙烯吹塑（PP）薄膜：除了具有聚氯乙烯薄膜的优点外，它还具有耐热、绝缘等优点，用于出口纺织品、针织品、药品等包装。其如图2.27所示。

③聚苯乙烯（PS）薄膜：在开窗式肉类和蔬菜等食品包装方面广泛应用。其特点是吸水率低，室内耐老化性能好，具有良好的透明性和光泽，印刷性能好。它的机械强度取决于生产加工时的定向程度；它的抗张强度和破裂强度都比较高，在低温和高湿度环境下，其性能无明显影响。此薄膜相互黏合时需用溶剂和黏合剂。其如图2.28所示。

④聚酯（PT）薄膜：主要用于复合材料的表面层，如蒸煮袋等包装容器，并广泛应用于胶卷、录音带和电影胶片的包装。聚酯薄膜耐高温，适用于150℃以内的温度范围，化学性能稳定，适合各种有机溶剂、油类和化学药品包装；保香性能好，延伸性能差，硬度和尺寸稳定性一般；印刷效果好，有良好的透明度和光泽。其如图2.29所示。

（2）复合薄膜：由于单层薄膜无法满足各种包装功能的要求，因此经有机的选择将数种不同特质的材料复合在一起，而构成新的功能，形成了复合膜材料，互相取长补短，使之成为一种完美的包装材料。如把塑料薄膜、铝箔、纸等具有不同功能的材料复合起来，改变原来材料的透气、透温、耐油、耐化学等性能，使其增强和发挥各自材料的固有特点，以满足各类产品的不同包装要求。目前，世界上复合薄膜的种类很多，有的复合薄膜达十几层，一般为2~5层，薄膜的厚度、层数和用材应按包装产品的实际需要而定，其次要考虑材料的料源和加工工艺等问题。复合薄膜主要用于食品、茶叶、药品、土特产、肉类、饮料等的包装，以及各种杀菌软袋和硬质容器的密封材料，也可用于防潮要求较高的精密元器件、军备用品等工业产品的内包装，而且还能和其他包装材料复合，成为多功能的包装材料。其如图2.30所示。

图2.25 塑料薄膜包装

图2.26 聚氯乙烯（PVC）薄膜包装

图2.27 聚丙烯吹塑（PP）薄膜包装

图2.28 聚苯乙烯（PS）薄膜包装

图2.29 聚酯（PT）薄膜包装

图2.30 复合薄膜包装

2. 塑料容器材料

以塑料为基材，经各种加工法制造出的硬质包装体即为塑料容器材料。它可取代木材、金属、陶器、玻璃等传统材料容器，因质轻、可着色、易大量生产、物理性能佳、耐化学性、可塑造多种形状，不但用于销售容器，亦可作为运输容器。塑料容器材料的缺点是不耐高温，透气性较差等。可制造塑料容器的材料很多，如低密度聚乙烯（LDPE）、高密度聚乙烯(HDPE)、聚丙烯（PP）、聚苯乙烯(PS硬胶)、聚氯乙烯（PVC）、聚碳酸酯（PC）、聚对苯二甲酸乙烯酯（PET）等。其如图2.31-2.32所示。

图2.31 香水塑料包装

图2.32 食品塑料包装

2.2.3 金属包装材料

在19世纪初期金属材料的包装开始得到应用，铝材用于包装的历史要比铁皮晚些，但它的出现使金属包装产生了巨大的飞跃。

金属材料的包装起初是为了满足军队远征时长期保存食物的需要。在资本主义国家里金属材料和加工容器占整个包装材料的20%左右，仅次于木材和塑料。随着工业化的发展、制造技术的进步，金属包装逐渐成为深受人们喜爱的包装形式。它可以隔绝空气、光线、水汽和香气的进出，密闭性好，抗撞击，可以长时间保存食品。并且随着印铁技术的发展，外观也越来越漂亮。在金属材料中，用量最大的是镀锌、镀锡薄钢板和金属箔两大类，其次是铜箔和其他合金箔。另外，还有以金属材料为底与其他材料复合在一起的金属复合包装材料。

在我国，金属包装材料的用量并不多，但在食品、油类制品、涂料、胶料、部分珍贵器材及有害物品的包装中，金属材料仍占有一定比例。近年来，考虑到金属空罐回收处理的成本及节省资源等因素，复合材料的使用以及罐体材料的综合使用越来越得到重视。在包装容器材料上复合使用塑料膜、铝箔、牛皮纸等材料，具有可以减轻包装容器重量、降低价格及空罐也更易回收处理等优点。因此，多用于液态或粉状的家庭日用品和食品的包装。

1. 马口铁

马口铁是由厚度小于0.5毫米的软钢板制成的积层材料，是使用最早的金属包装材料。它以电镀法或热浸法将纯度在99.75%以上的锡镀在两面制成。锡层外还有氧化膜与油膜，镀锡耐腐蚀，并可阻隔薄钢板和食品发生作用。在完好的保护层下，金属光泽持久不变，又耐生锈。由于它自身牢固以及便于印刷等优点，常用于制作高级饼干、咖啡、茶叶、巧克力和奶粉等包装盒。其如图2.33所示。

2. 铝箔

铝箔是金属箔中用途极广的一种包装材料，它是采用纯度99.5%以上的电解铝，经过压延成的厚度在0.2mm以下附金覆膜。优点：重量轻，运输方便，遮光性好，对热和光有较高的反射能力，有金属光泽，不透气，无毒无味，能防止包装物吸潮、氧化和挥发变质。缺点：易撕裂，强度低，易弯曲。可用于食品轻工，精密仪器等的包装。其如图2.34所示。

图2.33 马口铁材料

图2.34 饮品包装

2.2.4 木质包装材料

几乎所有的木材都可以作为包装材料。木材具有很多优点，如材质轻、强度和韧性好、纹理美观、易于加工修饰等；但也有一定的缺点，如组织构造不均匀，容易腐朽变形，因环境和温度的变化又会出现收缩、膨胀、开裂、燃烧等。由于不同类型的人造板材的相继出现，对上述的一些缺点已有不同程度的弥补。

1. 包装常用木材

树木的种类很多，按照树叶形状的不同，主要分为两大类：针叶材和阔叶材。针叶材大多为常绿树，树干一般长直高大，没有明显的孔隙构造，纹理平淡，材质较软，加工性能好，如红松、白松、落叶松、黄花松、云杉、柏树等。阔叶树一般为落叶树，没有针叶树直，但加工后纹理美观，质硬耐磨，如水曲柳、榆木、桦木、色木、椴木、杨木等。包装用材最好是红松，但因近年来红松的储备量日趋减少，国家已把它列入珍贵树种，供应量十分有限。目前国内包装用材以沙松、马尾松、进口洋松及一些硬杂木为主。为了确保包装容器的质量，使其能起到保护产品的作用，包装用材要求不腐朽、无斜纹裂缝、节疤少、含水率小于20%等。其如图2.35所示。

2. 人造板材

人造板材品种较多,其中用于包装材料的主要是胶合板和纤维板。在木包装容器加工中需要大量的板材和方材(宽度比厚度大3倍以上的成材称为板材,宽度不足厚度3倍的成材称为方材)。板材按厚度可分为:薄板厚度18mm以下;中板厚度19mm~35mm;厚板厚度36mm~65mm;特厚板厚度66mm以上。其如图2.36所示。

2.2.5 玻璃包装材料

玻璃是一种无机性物质,是由石英砂、火碱和石灰石等材料,在高温下熔融后迅速冷却,形成透明的个体状或非结晶状。玻璃具有化学性能稳定,耐酸,无毒、无味,生产成本较低等优点。可制成各种颜色透明、半透明和不透明的容器。多用于膏体、液体类产品的容器,如大口瓶多用于果浆类商品,小口瓶多用于高级饮料、酒类、医药用的各种针剂和药类等包装。其如图2.37所示。但玻璃存在着量重、强度较低、易打碎的缺点。玻璃按照成分可以分为钠玻璃、铅玻璃和硼硅玻璃等三种。玻璃包装容器的成型按照制作方法可以分为人工吹制、机械吹制和挤压成型等三种。

图2.35 木材包装

图2.36 人造板材包装

图2.37 玻璃瓶包装

2.2.6 陶瓷包装材料

以陶瓷制品作为包装容器，其造型、色彩与质地都极富装饰效果，是我国传统的包装容器。陶瓷是以硅酸矿物质或某些氧化物为主要原料，经一定的加工工艺，并按用途予以造型，表面再涂以各种光润彩釉加以装饰，在适当的温度和不同气体下烧结而成。陶瓷与人类的文化史、工艺史和美术史有着极其密切的关系，它标志着人类文明和社会进步，为人类的生产和生活做出了重大贡献。这种贡献形式大多是以容器形态出现的，常用的有陶缸、瓷坛等。瓷坛适合用于装酒、泡菜和酱菜等商品，但陶瓷存在着易打碎的缺点。其如图2.38所示。

2.2.7 自然材料

各种贝壳、竹、柳、草编织品和棉麻织品等，被用于土特产品和礼品包装，并赋予了产品一种亲切感、温馨感。其如图2.39所示。

图2.38 陶瓷包装

2.39 棉织品包装

2.2.8 复合材料

复合材料是将几种不同材料通过特殊加工工艺，把具有不同特性材料的优点结合在一起所制成的一种包装材料。它具有较好的保护性能，又有良好的印刷和封闭性能。复合材料的种类很多，如：玻璃与塑料复合，塑料与塑料复合，铝箔与塑料复合，塑料与玻璃纸复合，不同纸张与塑料复合，等等。其如图2.40所示。

图2.40 复合材料包装

2.2.9 新型环保材料

新型环保材料是为缓解白色污染而研制的最新材料,如秸秆容器,这是利用废弃农作物秸秆等天然植物纤维,添加符合食品包装材料卫生标准的安全无毒成型剂,经独特工艺和成型方法制造的可完全降解的绿色环保产品。该产品耐油、耐热、耐酸碱、耐冷冻,价格低于纸制品,也为秸秆的综合利用提供了一条有效途径。其如图2.41所示。环保材料已是今后包装材料的主要发展方向。

1. 真菌薄膜

在普通食品包装薄膜表面涂一层特殊涂层,使其具有鉴别食物是否新鲜,有害细菌含量是否超出食品卫生标准的功能。

2. 玉米塑料

玉米塑料是美国科研人员研制出的一种易于分解的玉米塑料包装材料,是玉米粉掺入聚乙烯后制成的。并能在水中迅速溶解,可避免污染源和病毒的接触、侵袭。

3. 油菜塑料

最近英国研制的从制作生物聚合物的细菌中,提取三种能产生塑料的基因,再转移到油菜的植株中。经过一段时间便产生了一种塑料性聚合物液,再经提炼加工便可成为油菜塑料。丢弃后能自行分解,没有污染残留物。

4. 小麦塑料

小麦塑料是小麦粉添加甘油、甘醇、聚硅油等混合而成。它是一种半透明的热可塑性塑料薄膜,能被微生物分解。

5. 木粉塑料

近来日本科技人员从松木的粉中制取多元醇,与异氰酸酯发生反应后生成聚氨酯。这种木粉塑料包装材料抗热能力较强,并可被生物分解。

6. CT

CT是在聚丙乙烯塑料中加入大约一半数量的产自我国辽宁的滑石粉而制成的新复合材料。它不仅耐高温,而且它的功能相当于PSP泡沫塑料制品,体积是PSP泡沫塑料的1/3,缓解了因体积庞大而产生的运输、储存、回收等问题。

图2.41 环保材质包装箱

课题训练

第2章

1. 简述纸材包装的发展进程。
2. 分析各类包装材料的优点与缺点。
3. 在包装设计中对环保材料的使用要求有哪些？

第3章
包装的造型与结构设计

3.1 包装容器造型设计　P.048

3.2 包装结构设计　P.077

3.1 包装容器造型设计

3.1.1 包装容器造型的概述

1. 包装容器

一般来讲，所有能够盛装物质的造型都可称为容器。在人类社会中，为了生活或工作的需要，产生了各式各样的容器造型，它为人类生活提供了方便。我们现代生活中所使用的商品无一不是经过外部包装和盛装的容器两大方面来完成的。

包装容器造型是以盛装、贮存、保护商品以及方便使用和传达信息为主要目的。它既包含功能效用、工艺材料和工艺技术诸因素，也包含外形的美观因素，它具有物质与精神的双重价值。因此包装容器造型的设计要符合产品本身机能的要求，同时，它的外部包装应兼具有便利和审美的功能，是一种与工业现代化紧密结合的、科学技术与艺术形式相统一的、美学与使用目的相联系的实用美术设计。其如图3.1所示。

2. 包装容器的类型

（1）根据材质和成型特点分类。根据材质和成型特点，包装容器可分为软质包装容器和硬质包装容器。

①软质包装容器：主要是以质地软且形变性大的纸质材料、软塑材料（塑膜、塑纸、复合膜、吸塑等）、纺织材料、编织材料等制作的盒、袋、托盘等包装容器。其如图3.2所示。

②硬质包装容器：主要是以玻璃、陶瓷、硬塑、金属为原材料，通过模具热成型工艺加工制成的瓶、罐、盒、箱等这类包装。成型后硬度大，不易变形，不渗漏，化学稳定性好，因此被大量用在酒、

图3.1 酒类容器

图3.2 软质包装容器

第3章 包装的造型与结构设计

饮料、医药、化工等液态、膏状、粉状、粒状产品,以及防渗漏、防氧化、防潮湿要求较高的商品的包装。其如图3.3所示。

(2)从形态上分类。根据形态,包装容器可分为瓶、缸、罐、杯、盘、碗、桶、壶、碟、盒等。其如图3.4-3.8所示。

图3.3 硬质包装容器

图3.4 瓶状容器

图3.5 壶状容器

图3.6 盒状容器

图3.7 杯状容器

图3.8 罐状容器

现代包装设计

（3）从用途上分类。根据用途，包装容器分为酒水类容器、化妆品类容器、食品类容器、药品类容器、化学实验类容器等。其如图3.9-3.11所示。

图3.9 酒类容器

图3.10 化妆品类容器

图3.11 食品类容器

3.1.2 容器造型设计的基本要求与要素

1. 容器造型设计的基本要求

（1）功能要求。功能性是包装容器设计的第一性能，功能决定形式，是容器设计的最基本的要求。例如茶壶的设计首先考虑的是茶壶的使用特点：材料不渗水，易清洗等；有入水的壶口、出水的壶嘴及相应的技术工艺要求；有滤茶功能；有便于操作的把手、进气孔等。

在具备了这些功能的基础上，壶的基本形态已具备，然后还要赋予它一个美好、独特的外观。综合起来有五个基本因素：

① 容器的性能、构造、耐久性等。

② 容器使用方便性和操作的安全性等。

③ 满足人类对于形与色的爱好或对于装饰的要求。

④由于地域性或习俗等原因对于容器造型新的要求。

⑤环保的要求。其如图3.12所示。

（2）经济要求。注意容器设计与成本的关系，使设计的容器与销售价格相匹配。要以设计的合理性来减少生产、流通中的破损和浪费。要注意容器的自身质量，过大的自重是对资源和资金的浪费，但是一味减少用料也会影响容器的机械强度和耐压程度。在设计过程中，合理地计算容器的强度需求是很重要的。不同的材料承压能力差别很大，进行必要的实验和检测是安全的保证。例如：可以通过造型上的设计，增加纸质包装的耐压程度。其如图3.13所示。

图3.12　清雅的茶叶包装

图3.13　增加纸质包装的耐压程度

（3）审美要求。在功能得以满足的基础上，将材料质感与加工工艺的美感充分体现于容器造型本身。设计容器还应对将要盛装的物质进行调查，再决定制造容器的材料。其如图3.14所示。

（4）生产技术要求。必须了解工艺流程及特点要求，使设计适合工艺生产。容器是工业化生产的，批量生产要求设计适应生产工艺的要求，如模具的加工，脱模方便与否，需要多大的后加工量，在分装设备中运行的稳定性，加盖和粘贴或直接印刷瓶贴的方便性等。比如瓶口和瓶盖的设计，要考虑瓶口瓶盖的美观，但更重要的是要考虑瓶口的耐压性和安全合理性。其如图3.15所示。

（5）创造性要求。设计需要具备独特的风格、便利的功能和新颖的容器造型，并要不断地开发新材料，研究新工艺，来满足社会生活的需要。其如图3.16所示。

图3.14 材料质感与加工工艺的完美结合

图3.15 较为复杂的玻璃加工工艺

图3.16 打破传统造型的酒容器设计

2. 包装容器造型的设计要素

（1）包装物是容器造型设计的出发点主要体现在两个方面：

①对内容物的保护性。对内容物的保护性还要从内容物的属性特点和运输、贮存等多方面加以考虑，既不使内容物在运输、贮存、销售过程中因外力碰撞而受损，同时还要使内容物在一定时间内不致产生化学变化或受到侵害。比如啤酒、果酒的容器造型设计，由于这类酒具有一种气体张力，因此要采取大瓶型外形设计，以分散内部张力，避免因外力冲击受损；而香料的造型设计，其体量、口径都不宜过大，这主要是为了香料在存放、使用过程中不致挥发而考虑的。其如图3.17、3.18所示。

②对内容物使用的便利性。容器造型设计应从商品的理化性能、用途、使用对象、使用环境等角度研究消费者在使用的全过程中携带、开启、闭合、使用的便利性。例如，市面上多见的飘柔、力士等高档洗发、护发用品的包装，瓶盖结构是按压旋钮紧拧于瓶口，运输安全，使用时只要将压盖掀起并挤压瓶体（塑胶容器），完成取出内容物的动作，可以控制用量，无需担心盖子脱落、遗失等问题。又如一些食品、药品类包装，在结构设计处理上多采用了扭断式、插口式、撕开式等启用方式，这样的设计充分体现了一种人性化的设计，给人们带来了方便、安全、舒适的现代生活享受。一些流动性较弱的内容物，如果酱，其容器造型及外形不宜有过多的曲线变化，口径也不宜太小，儿童用的饮料瓶体量不宜过大。这样的设计体现着企业对消费者的一种人文关怀，对创建品牌、树立企业形象都有一种无形的帮助。其如图3.19、3.20所示。

（2）容器造型设计源于生活。在旧石器时代，人类为了生存的需要，开始制作保护自己和猎取食物的工具，而工具的出现意味着人类有改造自然界的能力。这个以石器进行生产的整个历史时期称为"石器时代"。生活中，人们为了耐火的需要而在编制或木制的容器上涂上黏土来烧煮东西，后来发现编织物烧毁后，黏土模型却保存下来，这就是最初的陶器，陶器的产生标志着人类的物质生活和文化生活进入到一个更高的阶段。其如图3.21所示。

3.17 啤酒容器

3.18 调料容器

现代包装设计

图3.19 挤压式塑胶容器

图3.20 流动性较弱的大口径容器设计

图3.21 古代陶器造型

原始社会的后期，随着农业生产的发展，剩余粮食增多，在此种情况下发明了酿酒技术。为了适应饮酒的使用要求，产生了酒的容器。其如图3.22所示。

农业的发展，饮茶的盛行，产生了许多茶的容器，如茶杯、茶盏、茶碗、茶壶等。而今，咖啡饮品的流行，则产生了各种各样的咖啡具等。其如图3.23、3.24所示。

生活的需要是创造的动力，自然是取之不尽的宝藏。生活中日常饮食的需要产生了碗类容器，而碗的造型，即是模仿自然中植物南瓜的半形而获得。为了使用方便，造型由原始的平底造型逐渐延续与发展成为今天更科学、更适合使用的完美造型。再如陶瓷造型中的冬瓜瓶、胆瓶、葫芦瓶等都是自然形态的写真与变体，也都是以满足生活中实用与审美的需要为动

图3.22 盛酒的青铜器

054

第3章 包装的造型与结构设计

机,直到科学发达的今天,我们仍然以生活的需要为根据,以自然为师,创造着人类文化。因此,容器设计与生活的关系是相互依存并发展的,它的创作源泉来自生活的体验。其如图3.25所示。

图3.23 茶具

图3.24 茶盏

图3.25 中国古代瓷器造型

055

（3）容器造型设计与人体工程学的关系。使用包装容器时，人的手通过各种动作直接与其接触，如何使容器的造型便于握拿、开启省力、倾倒与取用方便顺手，这便涉及到人体工程学的问题，人体工程学又称为"人体工效学"，即人的尺度学，是具有人的解剖学、生理学和心理学等的特性，了解并掌握人的活动能力及其极限，使生产器具、生活用具、工作环境、起居条件和人体功能相适应的科学。容器设计中的人体工程学主要体现为手和容器接触的关系，一般来讲有四种类型：把握动作（取、移动、摇动），支持动作（支托），加压动作（挤压），触摸动作（探摸、抚摸）。实际上现代对人体工程学的研究涉及面很广，只要与人类生活有关的各个方面都是研究对象。因此，人们提出现代设计的任务就是造型与人相关功能的最优化，设计是针对人的行为方式与造型环境的相互作用，它的内容既包含理性因素，又包含大量直觉和情感因素。体现在容器设计上面就是运用人体工程学的知识来检验我们的容器造型设计是否适合人们的最佳使用方法。其如图3.26所示。试想任何一件具有奇特造型个性的容器如果不便于人们开启，使用就不会受到消费者欢迎的。

（4）容器造型设计的文化、环境因素。由于每一个历史时期文化与科技、人们的审美爱好和社会习俗的不同等因素，影响着容器设计发展的风格和特色。

原始时期的造型是以实用为主，仅装饰以朴素的图纹，后来逐渐出现了同样功能的容器，但有很多不同形态的造型。另外，同一类型的造型，在不同历史时期有着明显的风格特点。以碗为例：从原始时期的陶钵发展到清代的彩绘碗，这个历史演变过程，包含着每个历史时期材料和工艺技术的改进以及文化的发展、审美爱好的不同和特点。其如图3.27所示。秦代制陶工艺的空前创举，汉代漆艺的艺术成就，唐代造型的雍容、大方、端庄、饱满，宋代造型的挺拔、俏丽等艺术风格，都表明了文化与科学技术的发展对工艺美术的影响。

图3.26 符合人体工程学的容器造型设计

第3章 包装的造型与结构设计

图3.27 从原始时期的陶钵发展到清代的彩绘碗

文化品位上的搭配、形状上的吻合、色彩上的和谐等都形成了容器本身与环境的关系，这也给容器设计提供了一个目的性或针对性。例如原农村用的粗瓷大黑碗，试想使用在麦当劳、肯德基的快餐桌上一定有不伦不类之感。所以说现代社会、现代文化对产品有着现代的审美要求。朴素大方是美的，华丽或高雅也是美的，关键是与环境配置得当，容器与环境应是相互的，达到一种和谐的美感。其如图3.28所示。

图3.28 与环境相融的容器造型设计

3.1.3 容器造型设计的审美规律

1. 变化与统一

在各种艺术创作和设计的过程中，变化与统一是一种普遍的规律。其如图3.29所示。

图3.29 在变化中寻求统一

2. 对比与调和

对比是把造型中某一种因素的差异部分组织在一起,使之产生程度不同的对照关系。包装容器造型设计可分为线型、体量、空间、肌理等几种对比与调和的因素。

(1)线型的对比与调和。线是物体成型的基本因素。在容器设计中所谓的线型,主要是指造型的外轮廓线,它构成了造型的形态。造型的轮廓线决定着造型的基本型,线分水平线、垂直线、弧线、曲线等。线型归纳起来可分曲线与直线两大类,但变化是无穷的。每种线型都可以代表一种情感因素,正确运用好对比与调和的关系是造型的关键因素。没有对比的单一线型,使人感觉单调,而两类线组织在一起要注意主从关系,主体线型比重要大而突出,次要的线型要起到辅助衬托作用,这样造型才会有主调,有个性。其如图3.30所示。

线型也直接影响产品的功能,例如酒壶的壶嘴的线形会直接影响酒的流速与定点。一个功能合理的茶杯口部都有微妙的外倾现象,这些都是为了符合人的触觉感受及水流的性质而设计的。

(2)体量的对比与调和。体量即造型的体积和分量。线型是用平面的眼光解决造型轮廓线的对比关系,体量则是用立体的眼光来研究体积之间的量感对比关系。体量的对比对造型来讲是不可缺少的艺术手段,恰到好处地运用可以突出形体主要部分的量感和形态特点,使其性格更加鲜明、耐人寻味。

例如酒瓶器型,在体量的处理上利用缩短口颈来突出形体,使短颈的体量、小底的体量和饱满的腹部体量形成强烈的对比关系。也有的造型运用与主体重复的手法处理,以大小悬殊造成体量的对比。其如图3.31所示。

(3)空间的对比与调和。每一个实体都需要一个空间位置,这种空间在造型上称为实空间。造型中也有虚空间,是指造型本身的一些附加件所形成的空间,如壶的提梁、杯的把手、瓶的耳等。

空间对比,是指虚实空间产生的对比关系,对有附加构件的形体,更要注意虚实空间的控制。在设计容器时,要考虑实空间与虚空间之间的比例与对比关系,不能喧宾夺主。其如图3.32所示。

第3章 包装的造型与结构设计

（4）质感的对比与调和。质感可分视觉性和触觉性两种。包装容器造型的艺术感染力，通过光、色、形等材料的自然属性传达给我们的感官系统，正如桑塔耶纳所说：假如雅典娜的神殿巴特农不是大理石筑成，王冠不是黄金制造，星星没有火光，它们将是平淡无奇的东西。不同的物体各有其不同的质感，对比有光与毛、明与暗、透明与不透明、粗与细、软和硬等。包装容器造型中的陶瓷、玻璃、金属、塑料等材料，各有其不同的质感。同样一种材料，经过不同的工艺处理（印刷、打磨、抛光、挂釉、冲压、车刻、腐蚀、喷砂等），可以形成千变万化的质感。其如图3.33所示。

新材料的运用，在设计上能强烈体现一种现代感的装饰效果，例如在玻璃造型的主体上，局部采用金属、木质或塑料等，会产生一种材料的对比美感。

（5）色彩的对比与调和。现代设计中材料的优质运用成为重要的一环，材料色彩运用与容器设计的合理性和艺术性关系很大。其如图3.34所示。

图3.30 直线和曲线的对比与调和

图3.31 体量的对比与调和

图3.32 空间的对比与调和

图3.33 质感的对比与调和

现代包装设计

图3.34 色彩的对比与调和

3. 节奏与韵律

包装容器造型中,节奏是有条理、有组织地重复同一因素,如堆叠形重复、旋转形重复、大小形重复、近似形重复、渐变形重复等都是产生节奏的因素。韵律则是在节奏的基础上,赋予起伏缓急、抑扬顿挫的情调,是通过视觉感觉到的。造型的节奏和韵律靠对设计中表现形态的诸因素的组织与把握来获得。其如图3.35所示。

4. 整体与局部

设计必须要克服为了追求变化而在局部上采用堆砌、拼凑等毫无意义的变化。造型的局部要服从整体的要求,不能繁琐,不能破坏整体关系的和谐统一。例如一件容器的口、颈、肩、腹、足、底、盖诸部分对造型的整体来说都是局部,在设计中,这些局部的处理,要服从整体的需要,使每一个局部都能成为整体的不可分割的一部分。其如图3.36所示。

图3.35 容器造型的节奏与韵律

第3章　包装的造型与结构设计

图3.36　局部造型要符合整体造型的需要

5. 呼应与连贯

在系列产品与配套产品中，以重复造型的主要特征来达到配套造型整体的呼应关系。单体容器造型为了强调线型的特点或丰富造型结构，也往往采用重复的艺术手段，这是在各种艺术创作中都常见的现象。其如图3.37所示。

呼应有线型的呼应、形状的呼应、空间的呼应、动势的呼应等。对称和平衡的形体，都容易产生呼应的效果，呼应处理得好，连贯性就强。呼应与连贯能使造型形象更统一、更整体，气韵更生动。

6. 生动与稳定

容器造型的稳定是人们对造型最基本的要求。一碰就倒或感觉不稳的造型，是谈不上美感的，但四平八稳的呆笨之型，亦不一定是美观的。造型中的稳定有两个方面，即使用的稳定与视觉感觉的稳定，设计要求两者统一。容器要在使用中放置稳定，移动方便，但还不能过于呆板，失之生动，生动是造型中美的因素。其如图3.38所示。

容器应该是用之稳定，观之生动。取得重心的稳定，一般采取如下几种手法：（1）降低重心位差；（2）降低造型的高度；（3）放大造型的足部和底部。一般从口径到底径的对角交叉线在上半部，说明造型的稳定性较好，而交叉线越低，其稳定性越差。生动地获取主要是在造型的线型变化与整体情调上的吻合处理。其如图3.39所示。

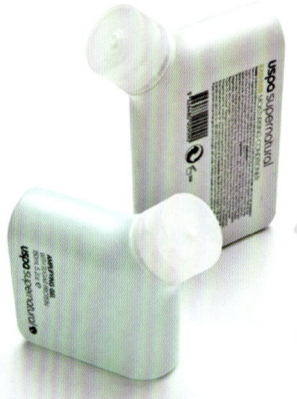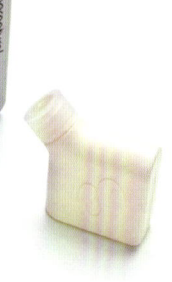

图3.37　系列产品造型的呼应与连贯

现代包装设计

图3.38　稳定又生动的造型

图3.39　稳定又生动的造型

7. 比例与尺度

无论从实用功能的角度还是从审美角度来谈造型，都离不开比例与尺度。比例是指造型的前后左右、主体与附件、整体与局部的尺寸关系，而尺度则是根据人们的生理和使用方式所形成的合理的尺寸范围。

（1）功能所要求的比例。生活中的容器造型无以计数，各具形态，各有特色，各有比例。它们形成的决定因素首先是功能的要求。

（2）审美所要求的比例。为了满足人类对美的要求，使人类生活更加丰富多彩，设计中必须要考虑到美的因素，把握美的规律与比例。

（3）材料工艺所要求的比例。材料和加工工艺是实现设计意图的关键。抛开材料与加工工艺搞设计是绝对不行的。

（4）容器的尺度关系。日用容器的尺度与功能要求的尺寸和人们长期以来使用习惯所形成的大小概念有直接关系。其如图3.40所示。

图3.40　日用容器的尺度与功能

3.1.4 容器造型的形态与形式处理方法

1. 容器造型的基本形态

（1）基本形态。千变万化、形形式式的包装容器都是从一定的基本形变化而来的。容器的基本形一般包括立方体、锥体、圆柱体、球体等几种原型。立方体厚实端庄，锥体稳定、灵活，圆柱体挺拔柔和，球体饱满浑圆，成为造型变化的基本特性。当然，这里讲的基本形，并不一定是标准的立方体、圆锥体等，也应包括它们的变体基本形态。几种基本形加以变化与互相交叉融合，可以产生各种形态的造型。容器造型所需要的不可能是纯客观或主观的形象，设计所要求的应该是经过设计者主观处理的、具有单纯造型特征的形象，因此应是在基本形的基础上根据一定的功能要求来确定造型，首先取决于基本形，如同色彩设计先确立基本色调一样，这是变化的基础。一般讲，形体愈单纯，效果愈鲜明。

日本设计家高山正喜久所著《立体造型的基础》一书中认为，球体、立方体等基本形是最完善、最安静，也是最缺乏生机、最无变化美的图形。因此，从某种意义上讲，基本形又是单调乏味的，所以应以适当的变化来进行改造，从而使它具备造型的生机。正如美国艺术心理学家阿恩海姆所说：力感实含于从正常状态的脱离之中。这一理论启示设计师在设计中只改变基本形的刻板因素而不是破坏其基本特性与气质。其如图3.41所示。

（2）基本形态的变化与整体的关系。在造型设计上，变化不应是孤立的，进行任何一种变化时都要从整体的角度出发，变化的结果应归结为整体的和谐。一般地讲，进行整体造型中的变化，需把握以下几种关系：

①重点与主从的关系。变化可在一重点部位进行，应处理好重点与非重点的主从关系，并把握一种风格明确的变化倾向。其如图3.42所示。

②均齐与平衡的关系。形体中轴线相对应部分等量等形的设计是均齐，等量不等形的设计是平衡。均齐有稳定端庄感，平衡有生动灵活感，是获得形式美的有效方法。其如图3.43所示。

图3.41 基本形的变化

图3.42 容器造型的重点与主从关系

现代包装设计

  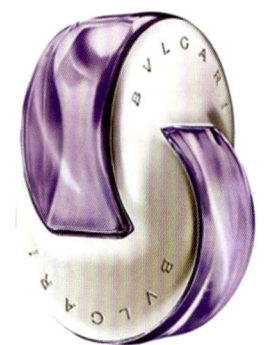

图3.43　容器造型的均齐与平衡

③过渡与呼应的关系。这是指形体不同部位之间的联系。过渡是指不同部位之间缓和连接渐变的连贯性形式，呼应是指不同部位之间进行照应联系的细节处理。过渡是调和的转化，呼应是平衡的转化，有利于在对比中取得调和。其如图3.44所示。

④比例与尺度的关系。变化需要合理的尺度与分寸。比例是指不同部位之间以及部位与整体间的数学性对比关系，尺度是指对生理、心理的适应性关系。这是变化处理中微妙的环节。其如图3.45所示。

图3.45　容器造型的比例与尺度

图3.44　容器造型的过渡与呼应

第3章　包装的造型与结构设计

2. 容器造型的形式处理方法

（1）切割与组合。从事包装容器造型设计首先要具有空间立体造型能力，掌握立体形态的变化规律。切割与组合是立体造型设计的基本方法。我们在分析研究包装容器造型时就会发现，许多容器造型是由基本形切割或组合而成。

①切割。切割是一种减法处理形式，即对基本形式加以局部的分解切割，使其造型获得多面的变化。切割的部位、面积、大小、数量、弧度都可以进行变化，但要注意容器造型应避免不宜于生产工艺的十分尖锐的边与角。同时，要认识到做的是"减"、得到的往往是"加"的效果。还有的留缺方式是在局部进行穿孔处理，穿孔的大小要视需要及整体效果而定，且穿孔不宜多。其如图3.46所示。

由于切割时的切点、角度、大小、深度、数量等差异，从而获得不同形态的造型，不难想象，这样可以切割出无数种新的形态。为了增强立体形态的艺术感染力，然后进一步在几何体边线上作削减或在棱角上做切除修饰，这样抽象的立体形态就有了一定的表情和动感，使处于静止状态的造型具有了生命力。例如国内外一些知名品牌的化妆品造型设计都给我们留下了深刻的印象。法国名牌夏奈尔香水的造型设计非常富有个性，基本型为立方体，只有在棱角部位略有变化。整个造型简洁挺拔极富现代感，给人一种清澈透明的感觉。这种现代主义设计风格的香水自20世纪20年代推出后备受人们喜欢，延续至今。

图3.46　利用切割方法设计的容器造型

②组合。组合是形体之间的相加,将两个或两个以上相同或不同的基本形组合在一起,形成一个新的造型整体。也就是在各部位进行体块的加减法处理时,加和减是相对应的。在进行组合造型时要注意各部分之间的比例关系与空间层次关系,依照造型的形式美法则,在形状、体量、方向、位置等方面变化,从而组合成不同的立体形态。其如图3.47所示。

(2)形体线与装饰线。线是立体造型的最基本设计要素之一,是最富有表现力的一种手段。线的对比能强调造型形态的主次及丰富形态的情感。在包装容器造型设计中,线分两种:

①形体线。形体线是构成外形轮廓的基本元素,它决定了容器造型的基本形态。在设计时要确定容器造型以直线为主,还是以曲线为主,或曲直结合。直线所构成的形面和棱角往往给人以庄严、简洁之感,曲线所构成的形面给人以柔软、活泼和运动之感。一般把容器造型分三部分,头颈、胸腹、足底。例如在酒包装容器造型中,胸腹部一般采用直线,颈肩部采用曲线。通过长短与角度及曲直线型的变化,可以产生很多造型,而且性格各异。其如图3.48所示。

②装饰线。包装容器上的装饰线是容器整体造型的一部分,能产生良好的触感与视觉效果。装饰线既能丰富形态结构,又能制造不同的质感、肌理效果。我们设计时要注意装饰线的方向、长短、疏密、曲直等对比效果的运用。

图3.47　利用组合方法设计的容器造型

第3章 包装的造型与结构设计

图3.48 酒容器的形体线

1915年，鲁特玻璃公司的设计师阿力克山萨姆逊对自1894年起沿用了20年的可口可乐瓶体进行改进。原来的瓶体造型单调、生硬，缺乏装饰美感。新瓶体采用流畅活泼的弧线条，通过凹凸的装饰线进行分割，以加强瓶面的立体感和层次感，设计获得巨大成功。其如图3.49所示。

在日常生活中，我们还可以看到在一些饮料容器造型中，设计者有意在手握的部位装饰一些线，这些装饰线既是局部细节，又是整体形象，能提高强度，起到装饰美化的效果，而且手握产品不易滑落，符合人体工程学。其如图3.50所示。

图3.49 可口可乐容器造型设计的沿革

现代包装设计

图3.50　装饰线在容器上的运用

图3.51　用模拟与概括方法设计的容器

（3）模拟与概括。绝大多数包装容器表现为几何形态，以利于加工的便利与使用的方便。但在自然界中人、动物、植物及其他的自然形态都给我们的容器设计提供了参考依据，仿生的、象形的、自然的形态也是我们容器造型艺术创作的源泉。容器造型可以采用模仿自然形态的外观，可以是局部模拟，也可以是整体模拟，可以是概括提炼，也可以是夸张变形，但一般不宜过于逼真与琐碎，力求艺术性的意象处理。例如人体的优美曲线、救生圈形、锚形、树叶形、月牙形、乐器的造型等都被用来模拟处理，制作出各种商品的容器，来增加它的趣味性、生动性，令人们爱不释手。其如图3.51所示。

模拟与概括就是以自然界中自然形态和人工形态为设计依据进行创作，具有生动自然的特点，能够增加作品的情感个性。在数字化、信息化时代，人们的物质生活极大丰富，要求设计作品不仅要实用美观，而且要在设计中赋予更多精神的、文化的、情感的含义。

（4）凹凸与肌理。容器造型的表现形态的变化同整体立体形态一样，也会影响人们的视觉感受。在形体的表面进行一些凹凸与肌理效果的处理，也会达到突出明确性格特征的效果。在处理手法上可以采用整体的、局部的、规则的或不规则的手法。

①凹凸：这是指容器造型中在形体的局部采取的凹陷、凸起的处理手法。注意凹凸的深度或厚度不宜过大，在细部处理上可进行微妙的位置、大小、弧度的变化。

②肌理：肌理变化是在视觉艺术功能和触觉使用功能方面极易取得变化与效果的手法。造型形象不仅由立体形态作用于视觉感受，而且亦以表面形态影响视觉感受，因此，对形体表层加以肌理变化是

第3章 包装的造型与结构设计

造型设计的手段之一。不同的肌理变化可以使单调的形体产生丰富的效果。塑料、玻璃、金属、纸材都可以加以表面肌理变化。在形式上可以是整体的也可以是局部的；可以是规则的，也可以是不规则的。例如在玻璃容器中，仅在品牌形象部位进行磨砂或喷砂肌理效果处理，其余部分保持原来的透明度，会起到一种对比效果，并富有层次感，也提高了容器的档次。其如图3.52所示。

（5）系列化造型设计。系列化的容器造型是系列化包装的内容之一，包装系列设计形式出现于20世纪初，之后便迅速地在全世界范围流行。包装容器造型设计从单体形式走向系列化，并迅速发展，充分说明了这一形式适应了现代市场竞争的需要。其如图3.53所示。

随着社会生产的不断扩大，社会产品越来越丰富，市场竞争的日趋激烈，商品包装在广告宣传方面占据着越来越重要的地位。通过商品造型的系列化可以更好地提升人们对此商品的关注程度，以符合企业的CI战略，这样最终带来的效果和影响就会更直接、更形象，企业也可通过这种系列化造型形式扩大自身的知名度和影响力。

图3.52 容器造型上的肌理

图3.53 系列化造型设计

3.1.5 容器造型的设计方法

1. 容器造型设计的步骤

（1）设计构思。拿到一项包装容器造型设计任务之后，首先要了解如下内容：用户要求什么，什么档次，销售对象是谁，竞争对手是谁，用什么材料，该材料的生产工艺有哪些特点和限制等。设计构思可分以下两个步骤：

①勾画草图：根据形式美的法则构思，勾画草图。草图的量要大，思路要放开，充分发挥感性思维和理性思维的积极性，构思到山穷水尽为止。定稿要由设计者、生产者和用户共同研究认定。其如图3.54所示。

②计算容量：器皿容量的计算可以根据几何学中圆柱体的体积公式来进行。非圆柱体的造型，我们必须根据器皿各个部位不同的尺寸，分别、分段计算，然后，将各个部位的数字相加，求得整体的体积。根据公式：体积×相对密度=质量。所以在所盛物质为水的情况下(水的相对密度为1)，质量=容量。容量单位为ml。

（2）工艺制作图和效果图。设计师应为包装容器作品提供尺寸与结构图才能加工试制，同时要加深对以下概念的理解：

①三视图：根据投影的原理画出造型的三视图，即正视图、俯视图、侧视图。其如图3.55所示。

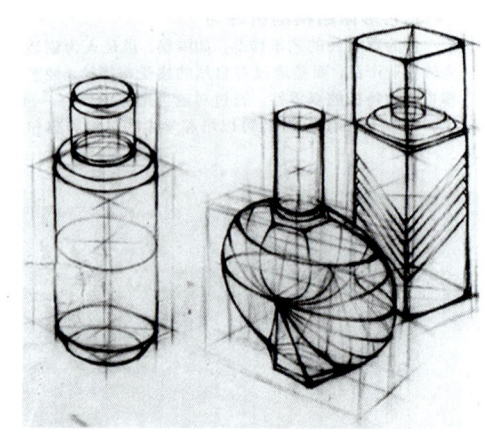

图3.54　勾画容器造型草图

图3.55　三视图

在制图中对三视图的安排一般为：正视图放在图纸的主要部位，俯视图放在正视图的下面，侧视图安排在正视图的一侧。根据具体情况，某些造型只需画出正视图和俯视图，部分带有构件的造型也可以单独画出侧视图，位置在正视图的一侧。其如图3.56所示。

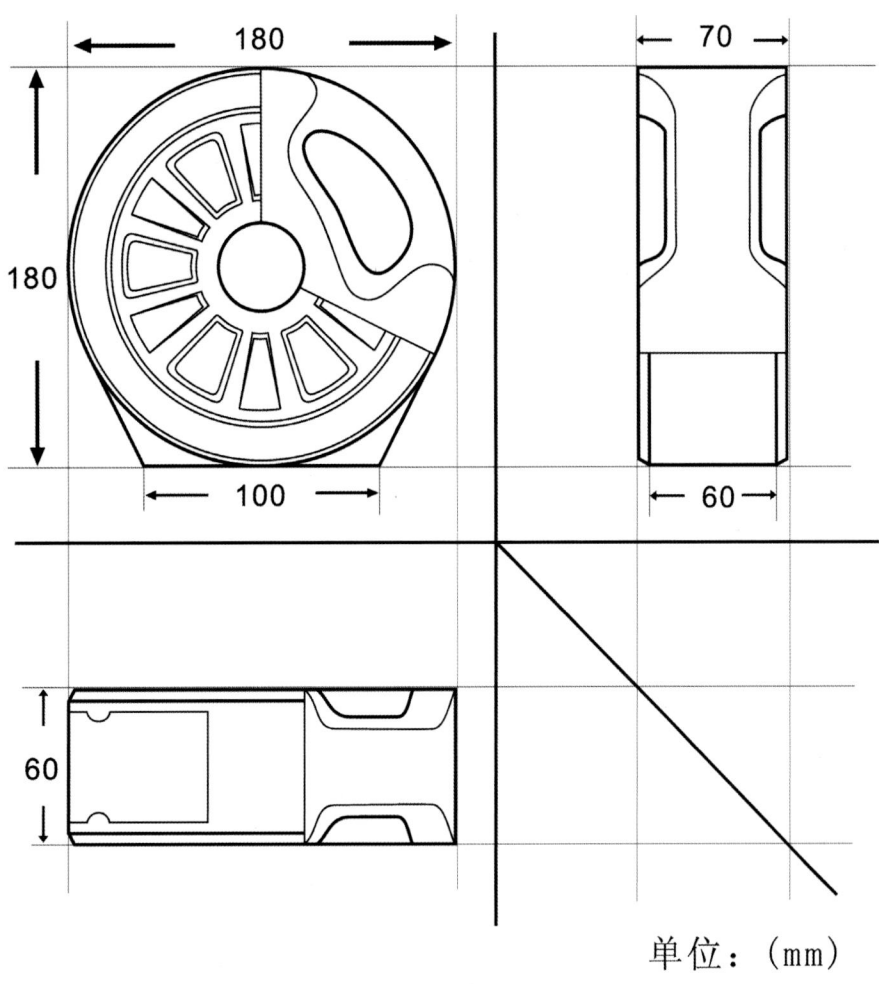

图3.56　容器造型设计三视图

为了使图纸规范、清晰、易看易懂、轮廓结构分明，必须使用不同的规范化线型来表示：

粗实线。用来画造型的可见轮廓线，包括剖面的轮廓线。宽度：0.4mm～1.4mm。

细实线。用来画造型明确的转折线、尺寸线、尺寸界线、引出线和剖面线。宽度：粗实线的1/4或更细。

虚线。用来画造型看不见的轮廓线，属于被遮挡但需要表现部分的轮廓线。宽度：粗实线的1/2或更细。

点画线。用来画造型的中心线或轴线。宽度：粗实线的1/4或更细。

波浪线。用来画造型的局部剖视部分的分界线。宽度：粗实线的1/2或更细。

②剖面图画法：为了更清楚地表现出造型结构及器壁的厚度，必须以中轴线为准，把造型的1/4整齐地剖开去掉，露出剖面。

剖面要用规范的剖面线表示，以便与未剖开部分区别。规范的剖面线有三种：一是用斜线表示，二是用圆点表示，三是用完全涂黑的方法表示。其如图3.57所示。

③尺寸的标注：准确详细地把造型各部位的尺寸标注出来，以便识图与制作使用。

根据要求标注尺寸的线都使用细实线。尺寸线两端与尺寸界线的交接处要用箭头标出，以示尺寸范围。尺寸界线要超出尺寸线的箭头处2mm～3mm，尺寸标注线距离轮廓线要大于5mm。

尺寸数字写在尺寸线的中间断开处，标注尺寸的方法要求统一。垂直方向的尺寸数字应从下向上写。

图纸上所标注的造型的实际尺寸数字，规定是以mm为长度单位。所以图纸上不需要再标单位名称。圆形的造型，直径数字前标直径符号，半径数字前标半径符号R。字母"M"在图中代表比例，在"M"之后第一个数字代表图形的大小，第二个数字代表实际造型的大小，如1：2表示所画造型的大小是实物的1/2。图纸中的汉字与数字要求工整、清楚。

④效果图：效果图的目的是完整、清楚地将设计意图表现出来。它注重表现不同材料质感及材料在设计中运用的效果。绘图方法有手绘法和喷绘法或两者结合等。效果图要尽可能表现出成品的材料、质感效果。底色以简单、明了突出造型为好，不可杂乱或喧宾夺主。其如图3.58所示。绘制效果图应注意以下几点要求：

比例。包装效果图的绘制应用1：1的原大比例。

透视。一般宜取平视角度，可以稍有透视角度变化，但不要变化过大。

形体。要准确表现转折变化与凹凸变化。

色彩。要准确表现材质、色泽的本色，不宜有过多的装饰性变化。

效果。用色不宜太厚，应干净利索，不要过多追求无关的主观效果。

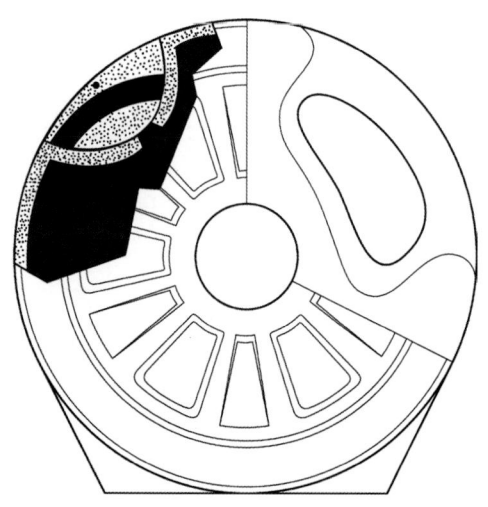

图3.57　容器造型设计剖面图

第3章 包装的造型与结构设计

图3.58 容器造型设计效果图

（3）制作石膏模型。立体制模不仅是设计的表达，而且也是进行设计推敲的有效方法。即使极严格的制图也不能代替立体的实际效果，可以没有效果图，但不能没有三维模型，设计能否被接受并采用，关键是模型，仅靠纸上谈兵是不行的。

通过进行立体制模，可以从各个角度来修整造型，有时甚至会大幅度地改变原方案。因此，立体制模是不可缺少的一环。其如图3.59所示。立体制模可分为以下环节：

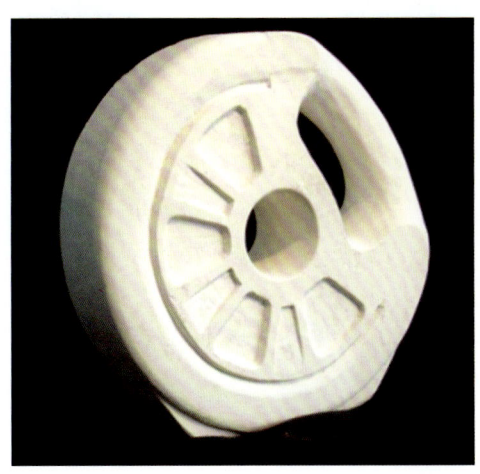

图3.59 容器设计石膏模型

①材料的准备。制模用的材料根据需要选用，一般有木料、塑料、蜡料、有机玻璃、石膏等。形体复杂者，如模拟型或表层有浮雕纹样的，多以泥料雕塑。有些简单的圆体，可通过旋木车制成形，而对那些以块面为主的小体积模型，则可用有机玻璃或塑料板黏合成形。用石膏制作加工模型，能清楚、精细地表达形体凹凸、转折变化，又便于切割、打磨，是较为理想的制模用材。

②工具的置备。石膏制模主要以手工进行，在进行制模以前，必须购买或自制一定的工具。石膏制模的工具一般应有：

手锯。截锯石膏用。

工具刀。如壁纸刀、木刻刀等用来切削石膏。

有机片。普通有机片即可，在上面用壁纸刀划上经纬线。

内外卡尺。用来测量尺寸。

围筒。用油毡纸、铁皮、易卷起的塑料片均可，制石膏粗坯。

水磨砂纸。粗细各准备几张，石膏模型干后，用于表面打磨。

乳胶。黏结造型的构件用。

石膏粉。要求颗粒细、无杂质，用于制作模型或黏结构件用。

③制作流程。制作石膏模型基本分为以下三个步骤：

基本形制作。如果有现成石膏块，可锯成比所需形体略大些的基本型粗料。没有现成石膏块，可用生石膏粉搅拌成粥状倒入预先制好的围圈中，待固化后打开围圈，干后可用。围圈可用塑料片或硬纸板平置于玻璃上，底缝封严即可。制作基本形应注意不同部位可以分开单独做，例如盖与瓶身分别制作，完成后用乳胶粘为一体。制作中从方到圆、从大到小地循序进行，不要急于一下子做完，要留有适当的余地。干燥石膏可以先用水在表面湿一下，更便于削刮，但用砂纸打磨时，石膏宜干不宜湿。

深入加工。在基本形体出来后，接着就是细加工。细加工应注意对形体边、角转折与不同部位的过渡加以适度修整。形体表面的凹凸线或肌理变化应认真刻制，力求接近真实效果。不同形体局部如盖、颈、体、底等部位的黏结最好是两次，以保证它的牢固。

表面效果处理。我们根据效果图和实际形象的需要，可以进行染色、擦光、包粘彩色电化铝纸、结扎或吊挂物处理等效果加工，力求生动真实。擦光可用透明胶水、透明鞋油或自喷漆等。其如图3.60所示。

2. 计算机软件辅助设计

（1）计算机软件设计的优势。包装容器造型设计是一种与艺术、人文、历史及自然等相结合的设计，这种设计宜用专门的图像设计类的软件，如Coreldraw、Photoshop、Rhino3d、3DS MAX等。设计软件的使用可体现诸多优点：

①设计表现展示的"无纸笔化"。计算机辅助造型设计，不需要各种各样的尺、规、笔、纸等传统工具，计算机的操

图3.60 石膏模型表面处理后效果

作平台提供了用之不尽的空间，表现的实施过程就是鼠标的点击与键盘的操作，复制、修改等从前繁杂的工作瞬间即可完成，而且干净、简单、高效。数字化仪与手写板的出现和普及，更使得设计在创意草图阶段也可以脱离纸笔手绘的传统模式，从而形成彻底的"无纸笔化"设计。

②整体设计程序的灵活性和高效性。在计算机上，造型的创意方案可以通过快速的三维建模、渲染，实现立体设计，并且在形体感觉、形态调整、色彩、肌理等方面进行随时的改变调整，传统的效果图失去了原有的地位。设计中，大量的时间和精力可用在分析、评价、调整上，使传统的设计程序在侧重点上有了变化。同

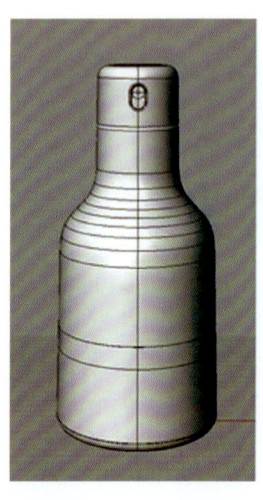  

图3.61 计算机三维建模、渲染

第3章 包装的造型与结构设计

时，计算机的内容都是数字化的，文件复制没有任何损失，这样对同一设计，其他人也可共享，设计任务也可分阶段、分人、分地点完成，大大提高了工作效率。其如图3.61所示。

③设计仿真和设计检验。利用软件系统的三维图形功能，设计师可在计算机屏幕上模拟出所设计造型的外形状态，在设计之初就对造型进行优化，这样不但使产品具有优越的品质、最低的消耗和最漂亮的外观，而且在新产品试投产前，就可以对其制造过程中的结构、加工、装配、装饰和动态特征做到恰如其分地分析和检验，

从而提高了产品设计的一次成形。其如图3.62所示。

④造型结构的精密性和准确性。容器造型的结构设计是一种严谨的设计。它要求数据准确,符合国家或国际标准,产品的每个尺寸及公差都是以数据为基础,不可差之毫厘。计算机辅助造型设计中,产品的生产工艺过程也可以通过计算机模拟出来,由此可以极大地增强生产计划的科学性和可靠性,并能及时发现和纠正设计阶段不易察觉的错误。

图3.62　计算机设计仿真效果

（2）常用三维设计软件简介。
3d Studio MAX：简称为3DS MAX或MAX，其前身为运行在DOS下的3DS。由著名的AutoDesk公司麾下的Discreet多媒体分部推出。3DS MAX易学易用，操作简便，入门快，功能强大，目前在国内外拥有最大的用户群。其

如图3.63所示。

Rhino：Rhino是由美国Robert McNeel&Assoc开发的专业3D建模软件，它广泛地应用于三维动画制作、工业制造、科学研究以及机械设计等领域；使用Rhino可以制作出精细复杂的3D模型。其如图3.64所示。

现代包装设计

图3.63　3DS MAX软件设计的容器造型

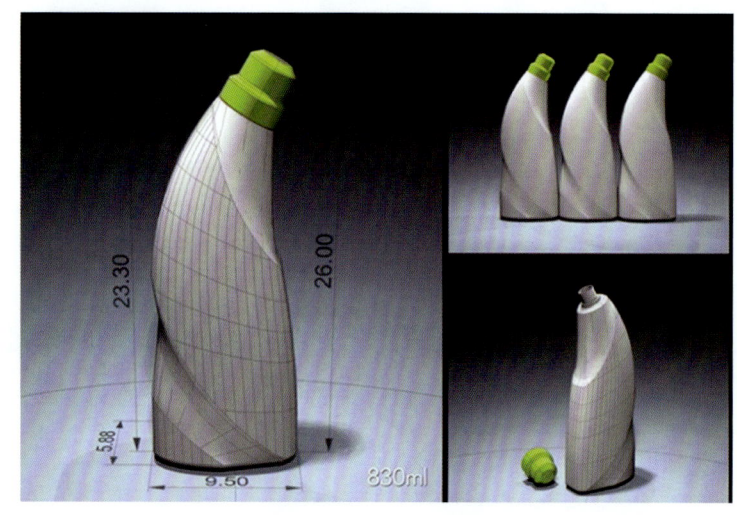

图3.64　Rhino制作出的3D模型

　　Rhino使用流行的NURBS建模方式，主要侧重于3D物体的建模。NURBS是一种非常优秀的建模方式，这种建模方法是在3D建模的内部空间用曲线和曲面来表现轮廓和外形。NURBS能够比传统的网格建模方式更好地控制物体表面的曲线度，从而能够创建出更逼真、生动的造型。NURBS建立的物体是以线数定义的方式，准确性很高，对于复杂曲面的物体，如人物、汽车等的建模有很大的优势。它不但擅长于光滑表面，也适合于尖锐的边。它的最大好处是具有多边形建模方法及编辑的灵活性，但是不依赖复杂网格细化表面。NURBS能够比传统的建模方式更好地控制物体表面的曲线度，使用NURBS建模可以得到任何想象到的造型。

3.2 包装结构设计

纸包装长久以来受到人们青睐,在包装功能中,主要起到美化商品、促进销售、提高商品附加值和方便携带的作用。同时它有着其他材料无法比拟的性能,可以满足各类商品的要求,例如质轻价廉,结构紧凑,便于废弃与再生,印刷加工性能,耐积重性能,遮光保护性能。但也有不足之处,如刚性不足,密封性、抗温性较差等,只有不断改善纸的性能,开拓新品种,才能适应社会对新产品的要求。其如图3.65所示。

图3.65 包装结构的创新

3.2.1 纸盒结构的类型

纸盒包装的基本成型构造,是用一张纸将商品正确合理而有机地包住。其方法是折叠、切割、插接或粘合。通过这些方法而拥有无数形态的纸盒,从其完成的形态和制造形式上,大致上可以分为折叠纸盒和粘贴纸盒两大类。

1. 折叠纸盒

折叠纸盒通常是把较薄的纸板经过裁切和压痕后,通过折叠组合的方式形成成型的纸盒。在装运商品前,这种纸盒一般可以折叠成平板进行堆码和运输储运。折叠纸盒具有两个显著的特点:一是与瓦楞纸箱比,其厚度通常为0.3mm~1.1mm,因为小于0.3mm的纸板制作纸盒,其刚度和挺度不足,而大于1.1mm的纸板又在一般折叠纸盒加工设备上难以获得满意的压痕;二是与粘贴纸盒比,最大的区别在于装运商品之前,一般可以折叠成平板状堆码和运输储存。包装材料多选用白板纸和白卡纸,主要用途是经彩色套印后制成纸盒。其如图3.66所示。

图3.66 折叠纸盒

2. 粘贴纸盒

粘贴纸盒是用多种贴面材料（纸、布、丝织品、皮革、塑料等）将基材纸粘贴裱合而成的纸盒。这种纸盒由于成型后其形状固定，即使在未装内容物时也不能再折成平板状进行堆码和储存运输，所以又叫固定纸盒。粘贴纸盒主要用手工制作，故亦称手工纸盒。这种纸盒也可以制作成质地优良、工艺精湛的礼品包装。其如图3.67所示。

3.2.2 纸盒结构的变化形式

纸盒的面、边、角是其基本造型要素。面、边、角的变化必然带来纸盒造型的变化，因而是纸盒变化的基本着眼点。由于在纸盒造型整体中面、边、角三者都不可能孤立存在，所以不论面、边、角三因素中任何一种因素进行变化都要引起其他两种因素的变化，以至影响造型整体。因而在变化处理中不应孤立地对待某一因素，要相互联系地处理，其中面是最重要的基本因素。

纸盒的盖（口、身、底）及各部分的面（边、角）可以加以外形变化、弯曲变化、延长变化、割折变化、数量变化、方向变化等处理。

图3.67 粘贴纸盒

第3章　包装的造型与结构设计

1．外形

外形是指外轮廓形状。在处理中，应注意不宜作较复杂的外形变化，一般只作单纯几何形的变化，以利于印刷工艺、制作及储运。其如图3.68所示。

2．弯曲

这是对面型改变平面状态而加以弯曲的变化，弯曲的幅度不能过大。从造型整体看，面的外形变化和弯曲变化是不能分开的，同时，面的变化又必然引起边和角的变化，因此，必须整体考虑。其如图3.69所示。

3．切割

对面、边、角都可以进行减法处理，形成开洞、局部切割与折叠等变化。切割处理要注意其形状、大小、部位、数量的变化，在求得奇异、趣味的同时应注意切割效果在印刷、陈列中的便利性。其如图3.70所示。

图3.68　外形变化

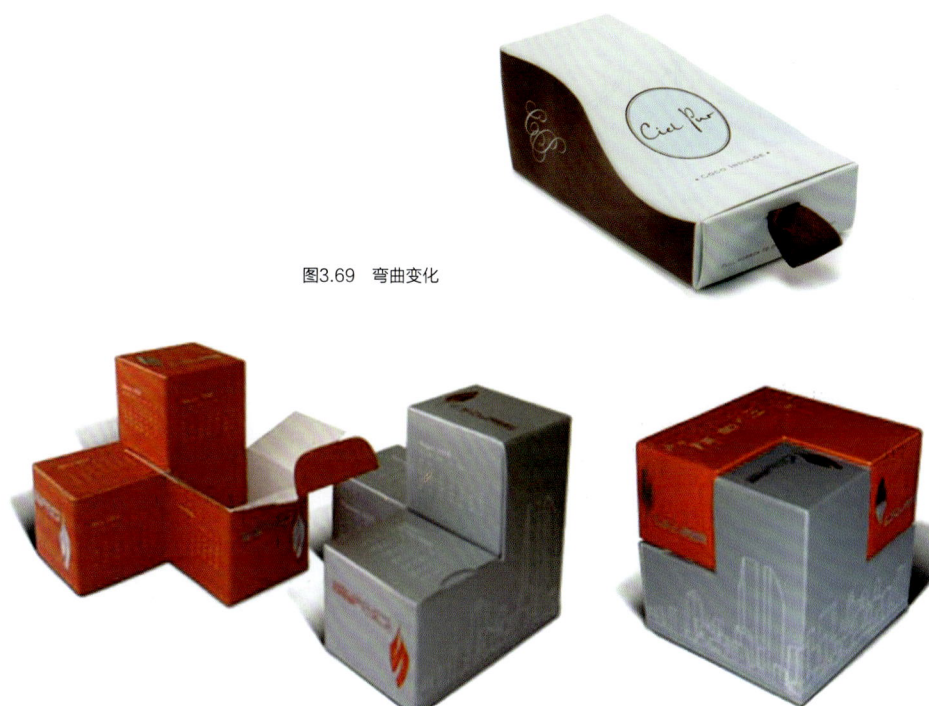

图3.69　弯曲变化

图3.70　切割变化

079

4．添加

在一个基本形的基础上添加或延伸，增加面的数量变化是直接影响纸盒造型的因素，面的数量必然影响边与角的数量。常用的纸盒一般是六面体，可以减少至四面体，也可增加至八面、十二面体等多面体。从阿基米德几何体可以得到启示，其特点是正方形、三角形和正多面体的结合，有一种基本形重复，也有两种以上基本形重复。其如图3.71所示。

5．折叠

对面、边、角均可进行折叠处理，可产生各种形态的变化，得出新的面、边、角的形状。其如图3.72所示。

6．延长

延长是相对而论的，面的延长与折叠相结合，可以使纸盒出现多种形态与结构变化，是纸盒造型的有效手段。其如图3.73所示。

7．方向

纸盒的面与边除了水平、垂直方向外，可以作多种倾斜以至扭曲变化。其如图3.74所示。

图3.71　添加变化

图3.72　折叠变化

图3.73　延长变化

图3.74　方向变化

3.2.3 纸盒包装的基本结构

纸盒包装的结构较为灵活多样，造型形式感强，变化十分丰富。它可以通过大、中、小包装的集散变化，堆叠、组合、吊挂、打开灯陈列方式变化，在商品的销售中形成强烈的视觉效果。

1. 摇盖式

摇盖式是最普遍应用的纸盒结构形式，盒身、盒盖、盒底皆为一版成型，盒盖摇下盖住盒口，两侧有摇翼，适合化妆品、糖果等的包装。其如图3.75、3.76所示。

2. 套盖式

盒盖和盒身两者分离，而以套扣形式进行封闭关合，往往在套盖后附上封签及包扎带以加固结构。一般要求纸材较硬，如鞋包装盒、礼品包装盒等。其如图3.77、3.78所示。

3. 开窗式

开窗式是对盒面、盒边加以开洞式割折的形式，开洞部分往往罩以透明PVC将内容物或内包装直接展示给消费者，多用于食品包装等。其如图3.79、3.80所示。

4. 姐妹式

姐妹式是两个或两个以上包装单元组成的一个包装，每个单元中放一件内容物，其中内容物不一定成配套关系，它的造型变化活泼，适合于盛放礼品、化妆品等。其如图3.81、3.82所示。

图3.75　摇盖式纸盒

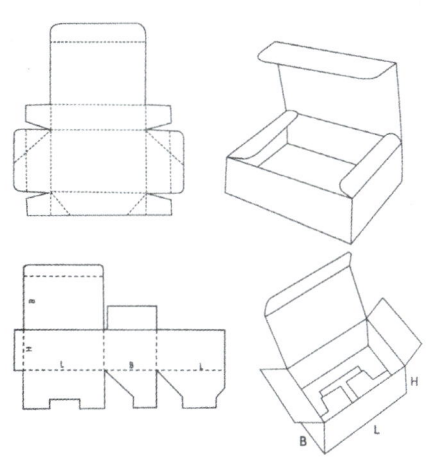

图3.76　摇盖式结构图

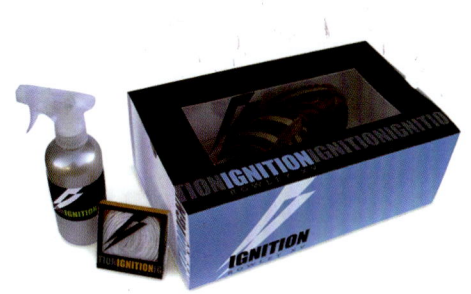

图3.77　套盖式纸盒

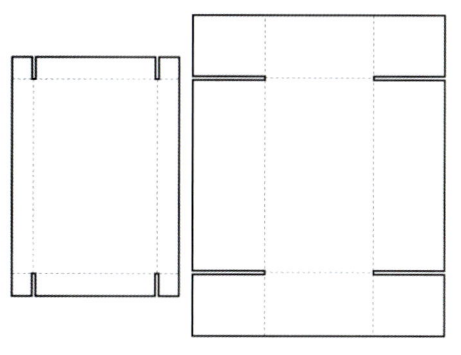

图3.78　套盖式结构图

图3.79　开窗式纸盒

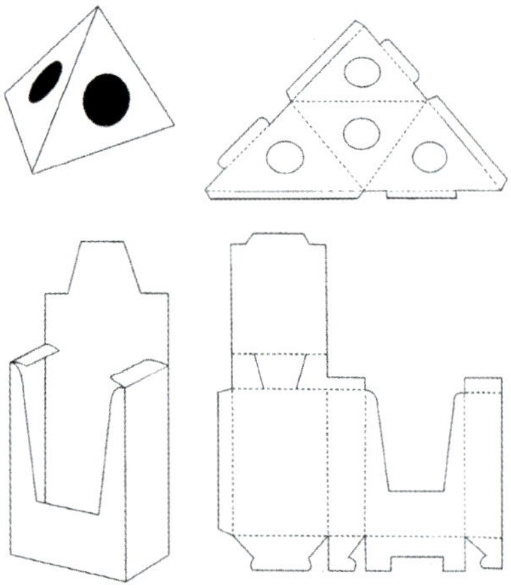

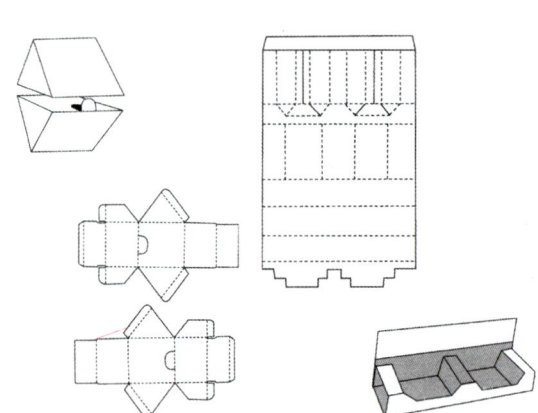

图3.80　开窗式结构

图3.81　姐妹式纸盒

图3.82　姐妹式结构

5. 提携式

提携式包装的目的是使消费者提携方便。这种盒形大多以礼品盒形式出现或用于体积较大的商品包装。提携部分可与盒身一板成型，利用盖边侧面的延长相互锁扣而成，多用于食品包装。其如图3.83、3.84所示。

6. 便利纸盒

便利纸盒是随着流通方面的变化而发展的包装结构。它易于开启，使用方便，可用单手进行操作取出内容物。

（1）缝纫机刃。这是家喻户晓的最简单的开封形式，餐巾纸盒就是采用这种缝纫机刃，可以按照纸盒的用途和目的，以及纸盒本身纸张的厚度选择针孔的间距。

（2）拉链。这种结构的形态被用的范围非常广，可以采用在纸盒的一个面上或围绕纸盒一周的切开方法，还可以考虑开封性和再封性双全的结构。

（3）管口。这是一种最优异的结构，在纸盒的某一部位剥开黏合处，作为倒出口。这种形态多用于液体食品类的容器包装，如牛奶、饮料类。或在盒体的某一部位打洞，作为倒出口，或插入吸管。其如图3.85、3.86所示。

第3章 包装的造型与结构设计

图3.83 提携式纸盒

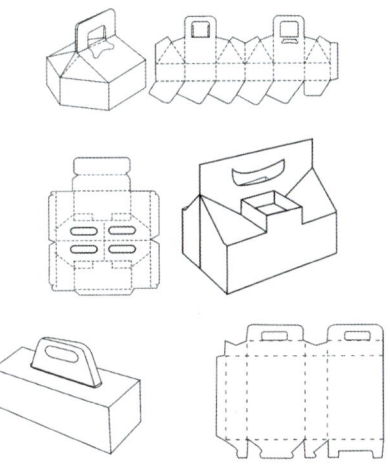

图3.84 提携式结构

图3.85 便利式纸盒

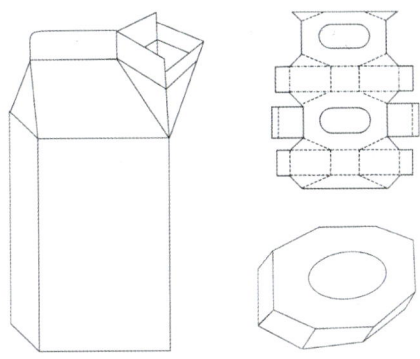

图3.86 便利式结构

7. 异形纸盒

异形纸盒是变化幅度较大的造型，富有独特性、装饰性的视觉效果，其处理手法主要是对面（边、角）的形状、数量、方向、减缺等多层次变化处理。其如图3.87、3.88所示。

图3.87 异形纸盒

083

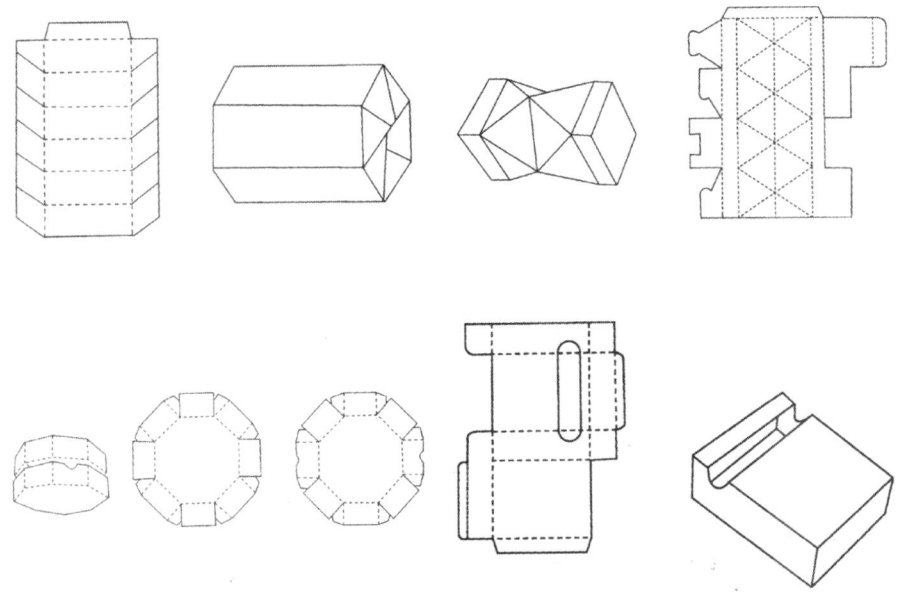

图3.88 异形式结构

3.2.4 包装结构的纸材选择

纸盒结构的设计,不仅要考虑形式与内容的统一,便于提携,便于陈列、生产的可能性等,还要考虑盒身的结构是否有一定的强度和承受能力等技术上的问题。所谓强度包括纸盒上下的压缩强度,亦即堆积装有产品的纸盒时是否会压坏盒子的问题,以及产品是否会从内部往侧面压迫成鼓出状,或是由于承受不了产品的重量而露底。

纸盒的强度是由纸张的选择和纸盒的形状来决定的,选择纸材首先要熟悉印刷流程对纸张需求的固定标准规格,在包装设计中不会造成浪费,做到最经济合理的利用纸张。在实际使用中,表示纸张大小尺寸的单位称"开"。一张纸一分为二称为对开,一分为四称为4开,依次类推。最常用的纸张开数尺寸为正度纸张尺寸和大度尺寸。其如图3.89所示。

另外,还必须了解纸盒的结构对压力的承受力。纸张的质与量、厚与薄直接影响到纸盒的承受力。而形状与强度最有关系的是纸盒的角数,即使是相同的纸张,由于纸盒的角数增加,强度也随着增加。八角盒比六角盒、五角盒的压缩强度要高,也就是说在应用同样的纸张时,圆筒纸盒要比带角的纸盒压缩强度高,虽然圆筒纸盒在制作方面有许多的不便。

影响纸盒压缩强度的另一方面是纸张的质量,而质量是由纸张的原料组成,纸板的厚度、密度等决定着纸张的质量。如果在质与量完全相等的情况下,应该说厚的比薄的强度要高,而密度越高,强度也就越高,且厚度变大强度也会变高,也就是说:同样面积、同样质量的纸张,如果厚度不一样的话,肯定是厚的那张比薄的那张压缩强度高。

第3章　包装的造型与结构设计

原料纤维伸展的方向也影响到纸张的压缩强度。一般来说纤维一致往纵向伸展的强度要比横向伸展的抗压与耐折强度高。因此，了解纸张的质与量对纸盒结构的设计是至关重要的。其如图3.90所示。

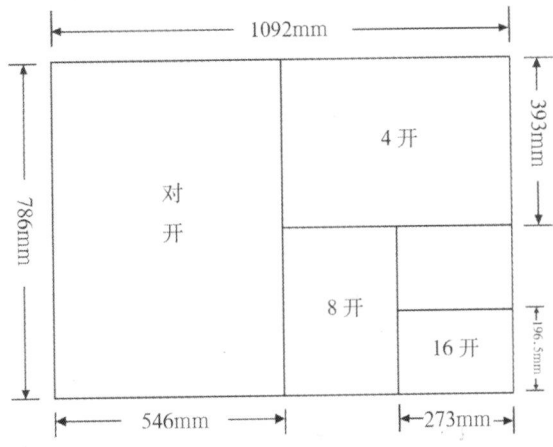

图3.89　纸张开本规格

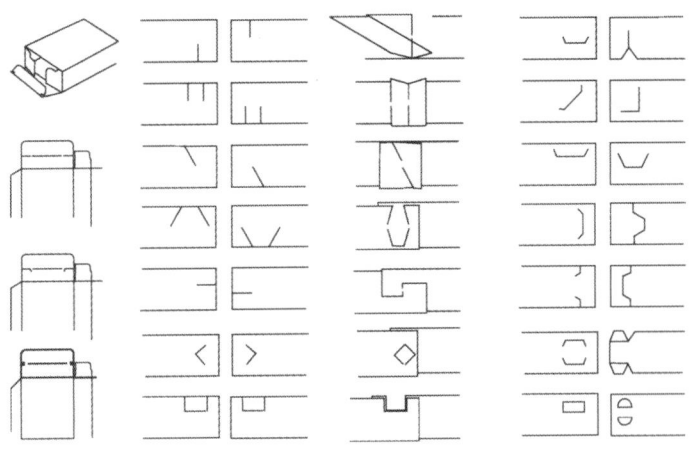

图3.90　纸盒结构

课题训练

第3章

1. 正确理解现代包装容器造型设计的基本要求与设计要素。

2. 考察市场上30种包装容器,按照形态、材质和用途进行分类。

3. 包装结构的形式有哪几种?利用纸材制作摇盖式、开窗式、异形式、提携式等不同结构的包装盒。

第4章
包装的视觉传达设计

4.1 图形设计　P.088

4.2 文字设计　P.098

4.3 色彩设计　P.112

4.4 编排设计　P.127

4.1 图形设计

图形是一切视觉艺术中重要的组成部分，图形作为一种特殊的视觉化语言符号，已成为提高视觉传播质量与视觉表现力的重要因素。

在包装上，将内容物视觉化的传达方式就是依靠图形在视觉传达上的丰富表现力，非常直观和生动地将商品推荐给消费者，引起消费者的心理反应，将他们的视线进一步吸引到品牌及内容，促使消费者对商品产生兴趣并全面展开了解。

4.1.1 图形释义

设计艺术中的"图形"概念，来源于英文"Graphic"和希腊文"Graphikos"。中国传统的概念认为"图形"即是图样，中国的传统图形概念与现代设计学科中的图形概念存在有一定的差别。原来的图形概念是指由绘、写、刻、印等手段产生的图画记号，是区别于文字、词语、语言的视觉形式，可以通过各种手段进行大量复制，但它不能涵盖现代设计中"图形"概念的全部。

从形式上看，图形是在特定思想意识的支配下对某一个或多个元素组合的一种表现形式，它既不是一种单纯的标识记录，也不是单纯的符号，更不是像图案一样以审美为主。此外，图形与纯艺术也有明显的区别，虽然它们有时在表现形式上是相似的，但艺术品旨在表达创作者的情感，其原作本身具有较高价值。而图形强调的是视觉符号的语言作用和象征意义，它是以信息传达为目的的，其价值不在于原稿，而在于信息传递的过程和终端。

图形可以解读和深化包装的内容，帮助消费者加深对包装内容的理解；可以把产品直接或间接地变为视觉形象，对消费者具有直接的说服力和更加丰富的吸引力；可以将文字难以传达的思想借助图像达到瞬间沟通的效果；可以提高产品的艺术品位，使人们在使用、感受产品的同时，得到高雅的艺术享受。

综合上述，图形的定义为：图形是介于文字与美术之间的视觉传达形式，是人们借助于想象力而创造的一种能够完成信息传达的视觉语言，是一种有意味的视觉形式。而图形创意则是人们为创造视觉语言而进行的有目的性的艺术活动，它是一种概念视觉形象的创造性思维训练。

4.1.2 图形的分类

创作者的表现语言和创作工具、技法的不同，使得图形的表现形式及视觉效果多种多样。总的来说，按照表现形式大致可将图形分为三种类型：具象图形、抽象图形、装饰图形。其中，抽象和具象是相对的转换的。具象的形不等于无限度的写实，抽象的形不等于任意乱画，两者都离不开"象"的控制。装饰图形是理想化的具象形式表现的形象，所不同的是，它是具象的抽象，是抽象的具象，往往产生独特的形象魅力。

第4章 包装的视觉传达设计

1. 具象图形

通过摄影和插图等手法，表现出直观具体的产品客观形象。随着摄影技术的快速发展和普遍使用，促使传统的由写实描绘逐渐向夸张、理想化和多变的视觉表现方向发展，更加强调意念的表达以及个性的追求，强化特征和主题。具象图形包括：摄影图片、写实绘画图形、归纳简化图形。

（1）摄影图片。伴随时代的快速发展，21世纪的今天，摄影已完全融入人们的生活，充实在人们活动空间的每个角落，摄影以它独有真实的反映客观存在的特性受到人们的青睐。

摄影图片的最大特征是以直观的形象去表现包装的内容，具有真实感，能如实地表现商品形象，在销售中起着直接介绍商品的作用，使消费者通过具体的形象去充分认识商品，这也是摄影的最大优点。由于一般消费者普遍认为照片最具有真实可靠的特性，它能客观地表现产品，诸如商品的形态、颜色、质感等，从而摄影手段的使用可以大大增强商品的货架感召力并激发消费者的购买欲望。其次，现代摄影技术十分发达，除写真外还可以做各种特殊处理，形成多种图形形式。数码相机的普及更是如虎添翼，这使得包装设计工作更为快捷、高效。

产品照片经过摄影技术被创造出来，用来展示产品外观、说明产品功用、传达产品特性与优点。一般来说，照片的内容是说明性的，直接告诉消费者这个包装里面装的是什么。有些则是隐喻性的摄影照片，它试图通过某个图像来表达一种情感，从而使某些欲望或需求得以满足。其如图4.1所示。

随着社会的进步和时代的发展，摄影图片已逐渐成为商品包装尤其是食品包装装潢设计的一种重要表现形式。当前世界上许多国家的商品包装都已广泛采用了摄影包装，并且取得了良好的效果。

图4.1 摄影图形

图4.2　黑白效果图形

图4.3　酒类包装

（2）写实绘画图形。写实绘画是一种非常逼真的绘画形式，也是非常有效的表现商品的手法。写实绘画图形有手工绘制和喷绘等，其表现形式丰富多样。无论哪种形式，都是对产品或要表述的包装形象进行高度的概括和提炼，更集中、真实的展现商品特征。常用的表现形式包括黑白与色彩两种：

①黑白。用单色的点线面的组合来表现物体，其黑白灰变化十分丰富，以黑白灰全调子构成强烈的立体效果和空间感，能很好地再现物象的真实感。其如图4.2所示。

②色彩。运用色彩的各种手段来描绘自然或物象丰富的明暗、肌理质感以及绚丽的色光效果。色彩和明暗调子真实而丰富，能充分表现自然界中的形体、空间和色彩。其如图4.3所示。

（3）归纳简化图形。归纳简化图形，是在写实基础上的概括处理，归纳特征，简化层次，使对象得到更简洁、清晰的表现。点、线、面的变化形式可以形成多种变化效果。其如图4.4所示。

第4章 包装的视觉传达设计

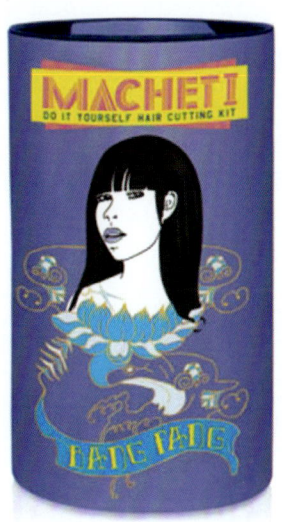

图4.4 归纳简化效果的包装图形

（4）夸张变形图形。夸张变形图形，是在归纳简化基础上的变化处理，不但有所概括，还强调变形夸张，使对象达到生动、活泼、幽默的艺术效果。在表现方法上可以是规则的，也可以是漫画式的。

夸张变形的目的在于针对主体物象的形态与神态进行夸大处理，同时改变对象的比例、方圆、曲直、大小、高低等特征，从而有效地突出对象的特征，促使观者增强对其的记忆程度。夸张要有所取舍，更要有所强调，使主体形象虽然不合理，但却合情，使表现手法富于浪漫的情趣。手绘图形在表现形式上大多采用夸张变形的手法。包装设计中的夸张手法一般要具有可爱、生动和有趣的特点，而不宜采用丑化的形式。其如图4.5所示。

图4.5 手提袋设计

2. 抽象图形

抽象图形是指用点、线、面变化形式构成的非具象图形，它在包装画面中具有独特的表现力。抽象是具象的相对概念，抽象图形泛指想脱离模仿自然的图形形式，其特质在于尝试打破绘画必须模仿自然的传统观念。抽象图形以直觉和想象力为创作的出发点，将造形和色彩加以综合、组织在画面上，具有鲜明的绘画风格与艺术特色。其如图4.6所示。

随着社会物质文明的进步，消费者审美观念与生活意识的变化，都促使富于现代美感、形式感极强的抽象图形为人们所接受和喜爱。抽象图形包括：人为抽象图形、偶发抽象图形、抽象肌理图形。

图4.6　包装中的抽象图形

（1）人为抽象图形。通过对点、线、面等造型元素进行精心地编排和设计，创造出视觉上具有个性的秩序感，按照造型的形式规律进行节奏韵律、对比、均衡、疏密等多种形式的组合，创造出不同视觉特征。其如图4.7所示。

图4.7　酒类包装中点、线、面抽象元素运用

第4章 包装的视觉传达设计

（2）偶发抽象图形。"偶发"是相对"人为"而言的，其本质也是人所创造设计出来的，但是形象更具偶然性。偶发图形的创作手法很多，比如利用水的特性如吸附、泼洒、吹散、油水相斥等手段进行创作；利用不同材质进行拼贴；利用拓印的方法，手撕、火烧等产生的自然形态等等。其如图4.8所示。

（3）抽象肌理图形。不同的材质表面都具有其表面的肌理特征，不同肌理的粗糙与光滑、干燥与湿润、冷漠与温暖，都会给人以不同的视觉感受和联想，运用相应的肌理特征与商品本身的特征进行结合，可以反映出商品的性格和属性。其如图4.9所示。

图4.8 食品包装中的偶发抽象图形

图4.9 粗糙与细腻肌理质感

现代包装设计

图4.10　酒类包装装饰图案

3．装饰图形

装饰图形是一种具有装饰性或装饰风格的图形形式。装饰图形带有极强的唯美主义倾向，其表现形式丰富多彩，因而它在包装图形中起到了很好的点缀、美化、修饰包装的重要作用。

装饰图形主要来源于夸张变形手法的使用和中外优秀装饰图形的借鉴运用这两个方面。装饰图形在包装设计中的运用，除设计者创作的图形与装饰画以外，同时也大量包括了对中外优秀传统图案、装饰艺术图形的借用，内容十分丰富，且具有典型的识别意义与联想效果，在强烈的象征色彩中又体现出浓郁的文化气息。其如图4.10所示。

4．卡通图形

卡通图形是通过诙谐幽默的手法，生动有趣地反映产品特征，使消费者在轻松情境之中接受产品信息，在愉悦环境之中感受新概念。这种幽默、滑稽的表现形式普遍受到消费者的欢迎，使消费者增加亲切感并产生购买的兴趣。它在视觉表现方面，能把任何现实中无法实现的理想、感情寄托得以实现。卡通漫画插图以简练、直观的图形出现，增强了包装视觉传达的个性和吸引力。

卡通图形最适于儿童及青少年用品、食品、饮料等包装，12岁以下的儿童对于图形的认识与表现更倾向于主观意识，而将那些极具动感、情趣的图形放置于包装上，正符合儿童单纯天真的心理特点。而相对于青少年这一消费群体，他们富有幻想并善于模仿，喜爱偶像式、梦幻式及较有风格表现的包装图形。其如图4.11所示。

第4章　包装的视觉传达设计

图4.11　卡通图形

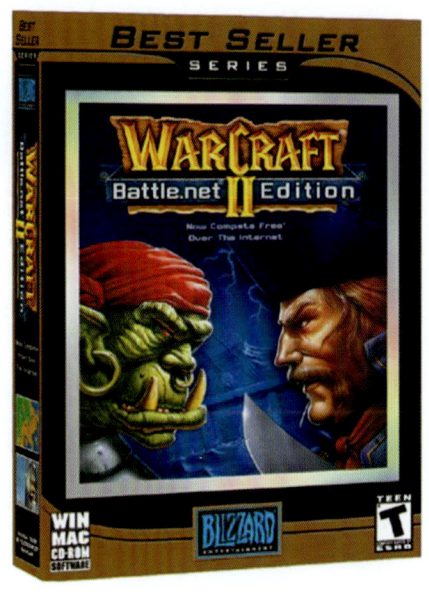

图4.12　计算机图形

5．计算机图形

伴随科技高速发展、市场竞争日益激烈的时代背景，为包装设计如何适应时代发展，快速、准确、节约地实现设计目标；如何寻找一种合理、有效、快捷的方法与技术，来满足时代的发展与包装自身的发展提出了新的探索方向和研究课题。而电脑数码技术，数字化设备等先进技术的使用拓宽了设计者的设计观念，为设计创意的探索提供了广阔的发展天空。

包装设计师们越来越多地使用电脑图形软件进行包装图形的创作，它的制作过程简捷、方便、经济、有效。虽然一部分工作是通过手绘完成，但也常在工作中结合计算机技术的优势。还有一些包装设计师完全转入计算机设计领域，软件的精通、绘画技术的娴熟足以使他们随心所愿地创作包装图形，从而很好地达到包装的销售目的。

用计算机设计产品包装与传统的手工设计相比有以下特点：设计创意空间更加灵活、开阔；设计使用的材料和设备更加简化；设计的变更与修改生成更方便；设计表达更加简易且表现品质更高；图纸的生成更简单且更精确；设计建档方便容易；信息传递更加快捷；设计效率更高。

软件的使用便捷化并不意味着傻瓜化，自由也并非随心所欲，各种电脑图形软件仍然只是软件,本身只是代替了传统的画笔，想要用好它不会在朝夕之间,只有长时间的学习和实际操作我们才能充分贴近它。计算机技术的应用与手绘图形及摄影插图并不冲突，二者相互补充。事实上，要创作出优秀的包装图形，没有扎实的绘画与设计功底是不可能的，仅仅凭借电脑图形软件则走入了另一个极端，在现今计算机技术无孔不入的状况下，应正确处理三者之间的关系，使我们的技术与设计更好地融通在一起。其如图4.12所示。

图4.13 染发剂包装

4.1.3 图形的设计要点

1. 传达信息的准确性

包装上的图形必须真实准确地传达商品的信息。准确性对于商品来说就是"表里如一",商品的特征、品质、品牌形象、信息能够清晰地通过视觉语言表述清楚。有针对性地设计才能使消费者对商品产生兴趣和购买欲望。其如图4.13所示。

设计中必须抓住各自的典型特征,注意关键部位的细节处理。把握特征是有效传递的一个方法。缺乏准确信息的图形设计,即使画面再美观也不成功。

2. 鲜明独特的视觉感受

如今的商业竞争已经进入到个性化时代,企业形象要追求个性,商品宣传要标新立异,消费者也一样向着追求个性化的消费观念方向发展。对设计者而言,掌握更独特的思维方法和表现角度,以及更具时代感和前瞻性的观念是包装设计成功的关键。

包装上的画面就是一个广告,不仅要有准确的信息,还要有独特的视觉美感。独特不在于简洁或复杂,要做到简洁中含丰富,单纯中含变化,复杂中求单纯,一切看创意,独特的创意才能有特色的设计。其如图4.14所示。

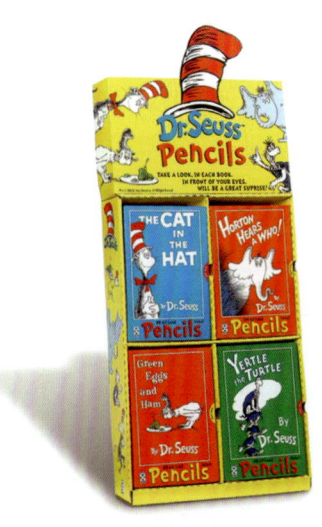

图4.14 品牌儿童文具

第4章 包装的视觉传达设计

图4.15 肉质罐头包

3. 健康的审美情趣

包装不但是一种商业媒介，更是一种文化产品，要注意健康的审美表现，创意不等于为所欲为。包装中高雅而健康的审美情趣可以使人感到赏心悦目，大大增加消费者购买商品的欲望。相反，低俗粗糙的包装形象则使人感到反感和厌恶，也就丧失了包装的功能。其如图4.15所示。

图形是一种视觉化的艺术形式，对于商品包装来说，要将商品与产品形象转化为图形或图像，这就要求包装设计师在创作图形之前要真正理解产品所要表达的思想内容；同时，还要对同类产品进行详细的资料收集、调查研究、反复推敲，只有这样才能把产品信息准确地传达给消费者。无论采用哪种图形形式，都需要暗示、呼应主题，起到宣传产品、推介产品的作用，让消费者从你的包装图形中了解到产品的性能、特点。设计时要处理好艺术性与商业性的关系。

在完整的包装设计中，图形设计是构成整个包装设计的元素之一，不能将其单独孤立起来，还应把握整体版面布局，使整体视觉设计趋于完美，从而确立独特的风格。商品包装的图形设计因地域的不同必然会受到当地文化传统的影响，设计师还要深入了解各个不同地域及民族的传统文化，才能更好地创作出优秀的作品。

4.2 文字设计

文字是传达商品信息最直接和有效的媒介，通过文字不但可以传达文字本身所承载的信息，同时字体形象也可向消费者展示商品的文化内涵和商品自身的性格。成功的包装，其文字设计传达给消费者的一定是明确、具体的信息，人们通过产品包装上的文字，就能正确认识和了解产品。其如图4.16所示。

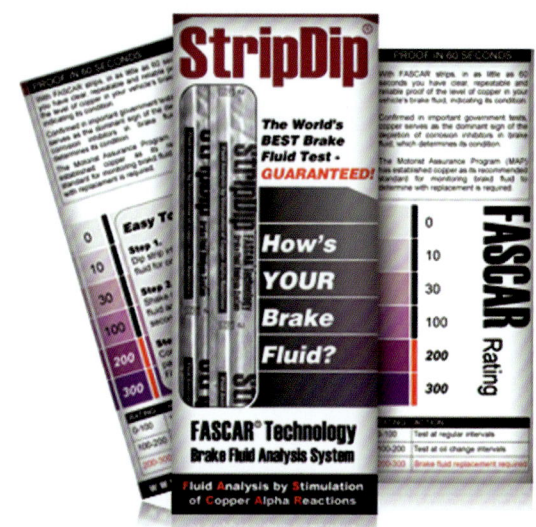

图4.16　包装文字

4.2.1　文字字体设计

文字作为包装视觉传达设计中重要且不可缺少的元素，其功用表现在两方面：一是它的符号性和品牌标志性。文字往往要求醒目、明朗，作为第一视觉安排在重要的位置；二是文字自身所具有的形式美感性，同样也具有很强的塑造性。在现代设计中，文字已不仅仅单纯地传递信息，而更多的是追求个性化、风格化的"形式"语言，以求得最大限度地关注。传统文字的表达形式常以"叙述性"为主，而现代文字的表达形式则带有强烈的"表现性"。其如图4.17所示。

第4章 包装的视觉传达设计

图4.17 包装文字的表现性

包装中字体设计的表现技巧、异体字形的组合与排列方式都是包装设计成败的重要因素，可以说文字影响和左右着整个视觉设计的效果。文字在包装设计中所占的重要位置是广大设计师所熟知的。然而对于初学者来讲在具体设计的时候往往会只考虑文字表意性传达功能，而忽略文字的形式美功能，或者说只认识文字的符号性，而忽略了文字的表现性。因而对文字的表现技巧、排列方式等方面的训练对初学者是十分有益的。其如图4.18所示。

1. 中文字体设计

在商品包装设计中，汉字的象形性和寓意性以及望文即可生义的特点，普遍被

图4.18 包装文字的整体视觉效果

099

运用于增强包装的感染力和文化内涵。因而对字体的性格、气质，字体的编排技巧等进行研究和探索是平面设计师增强设计素养的重要方面。字体选用得当，书写生动、精湛，将大大提高包装视觉传达设计的水平。

纵观我国五千年来文字的发展状况，中文字体按应用主要分为：手写体、印刷体和设计字体。中文字体在包装上的应用对国人来说有很强的认同感，尤其在一些传统商业中使用频繁，例如传统节日礼品包装等。将中文字体进行重新设计和组织，也可产生新的视觉形象文字，有些商品的标示就是文字本身。其如图4.19所示。

图4.19　酒类包装

2. 拉丁文字体设计

拉丁字体也就是我们通常说的英文字体，英语是国际贸易中最普及的语言，无论是法语、德语、西班牙语，都是以同样的26个字母为主要的表意符号；同时，拉丁文字体的书写形态又涉及艺术的范畴，拉丁字体运用是否恰当，也直接影响到消费者对商品及企业的印象。

拉丁字母字体丰富、繁多，全世界有5000~6000种之多，拉丁字母结构简单，易于变化，因此还有新的字体不断被创造出来。拉丁字母字体的分类有按时代分类的，有按不同用途分类的，还有按字体发展和特点分类的。一般按体系分类的方法简明易懂，主要有古文体、古罗马体、现代罗马体、歌德体、埃及体、意大利体、手写体、装饰体等。其如图4.20所示。

图4.20　拉丁文字体运用

4.2.2 文字设计的要素

包装设计上的文字主要包括：品牌文字、主体文字、广告文字、资料文字、装饰性文字。

1．品牌文字

品牌文字是代表产品形象和企业形象的文字。品牌文字作为商品的符号，在包装设计中占有重要的位置。品牌文字要求具有识别性和个性特征，这种个性除了形式上的风格，也往往是行业特征的体现。在包装设计上，这些文字要求在主要展示面上精心安排，并具有个性特征，同时也要起到视觉引导的作用。其如图4.21所示。

图4.21　酒类品牌文字设计

品牌文字的设计原则：1.保证可读性。文字最基本的功能是进行信息交流和沟通，不论品牌字体做怎样的设计变化，这一个基本原则都是要遵守的；2.从商品内容出发。不同的点、线的形状及组合形式，所传达给人们的视觉心理感受和情感特征是不同的，文字其实就是由点和线构成的具有功能性的组合结构；3.造型统一的原则。几个字排在一起才共同构成了品牌形象，因此字与字之间的造型手法统一性就显得非常重要，缺乏整体和谐会影响到品牌整体形象的表现力。其如图4.22所示。

图4.22　食品品牌文字设计

2. 主体文字

包括牌号、品名文字、生产者名称。主体文字一般安排在包装的主要展示面。生产者也可以安排在包装的侧面或背面。

主体文字的装饰风格，往往是影响整个包装装饰风格的重要因素。其如图4.23所示。

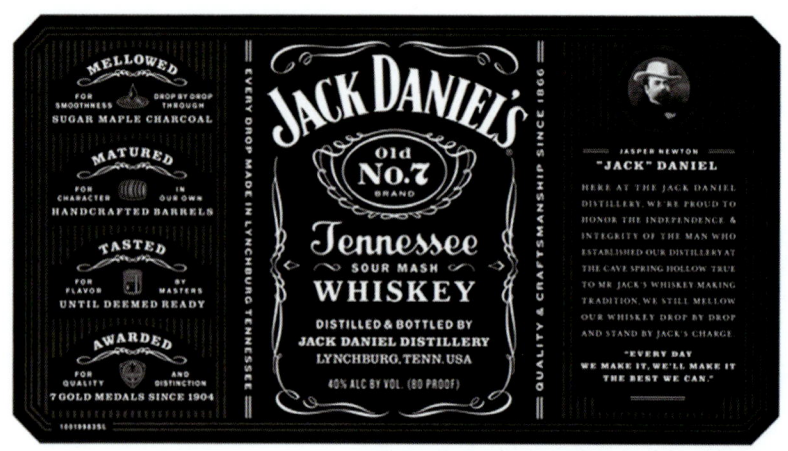

图4.23 酒类包装主题文字设计

3. 广告文字

这是宣传内容物特点的推销性文字。通常，广告文字字形生动，编排部位多变。广告内容应做到诚实可信，语句简洁、生动。其如图4.24所示。

图4.24 洗涤用品广告文字

4. 资料文字

包括产品成分、容量、型号、规格、标准代号、检测标志等。资料性文字往往集中安排在包装盒的背面或侧面，而容量或商品标准代号也有安排在包装盒正面的。其如图4.25所示。

图4.25　唇膏包装资料文字

5. 装饰性文字

作为装饰性文字，它所传达的信息是多方位的。装饰性文字以间接的和寓意性的手段体现商品的文化，有时侧重于商品档次的体现；有时作为一种气氛的渲染；有时如同音乐是某种审美意境的传达，或欢快，或沉稳，或艳丽，或庄重，给消费者多重的艺术感受。设计形象性和装饰性的字体，变化要自然适度，切忌过分夸张。因为过分的夸张，会显得矫揉造作，其效果会走向反面。在字体设计中，如能充分发挥各种字体的特点及风采，巧妙运用，构思独到，定能设计出精美的作品来。其如图4.26所示。

文字设计的设计方法多种多样，表现形式更是丰富多彩，但是无论怎样进行变化和设计，在创作时要遵循一定的设计原则，即字体应该体现商品的属性特征；字体应强调易辨性、易懂性、生动性；字体应体现一定的风格，应创造富有时代气息的新字体。

图4.26　CD包装装饰文字

4.2.3　文字的编排设计

包装设计中文字的编排处理是形成视觉传达效果的重要因素，与字体设计本身一样都是表达设计意图的语言。为了使消费者便于阅读和理解包装上的文字信息，设计时要根据产品种类、性质、档次、销售方式等进行设计编排。在包装设计中安排主题文字和辅助文字，都要考虑各部分在整体版面的位置、大小、比例、字体、色彩和印刷技术。从而使消费者的视线随文字的次序而流动，形成一个悦目、明快、并具有整体感的视觉层次。

文字编排设计的基本要求是从整体构成形式出发，根据文字内容属性，使文字产生主次、虚实、疏密的对比，文字编排设计要处理字与字的关系，行与行的关系，组与组的关系，还要处理体面、位置的整体关系，构成形式十分多样，效果变化丰富。其如图4.27所示。

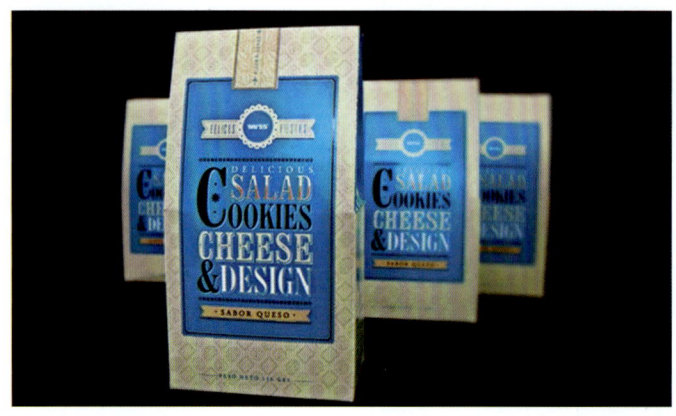

图4.27　文字在包装上的编排

一件完整的包装上面应该体现的文字有牌名、品名、型号、容量、开启使用方法、说明文、生产日期、厂名、地址等文字资料。这么多要传达给消费者的文字资料如果没有一个整体的编排计划和构思，就会给消费者造成视觉上的纷乱感觉，起不到推销产品的作用。一定要把文字资料作为整个装潢设计的一部分，结合图形、色彩等其他要素一并考虑。文字传达要准确、醒目、容易辨认，文字的大小、主次、通过用色来表现的强弱以及不同造型的字体运用，都要慎重考虑。同时，还要注意到人们的阅读习惯，也就是视觉流程的考虑，使消费者能够轻松地接受所要传达的文字资料。其如图4.28所示。

图4.28　文字在包装上的编排

第4章 包装的视觉传达设计

图4.29 齐头齐尾的文字编排

图4.30 齐头不齐尾的文字编排

图4.31 齐尾不齐头的文字编排

1. 文字的编排形式

（1）齐头齐尾。是最普通且十分规整的一种方法，容易显得呆板、单调，应注意行不宜太长，以免影响阅读效果。其如图4.29所示。

（2）齐头不齐尾。是包装设计中常用的习惯性的一种形式，开头字母对齐左边轴线，尾部顺其自然，这种排列有一种自然的韵律感。其如图4.30所示。

（3）齐尾不齐头。同上一种相反的排列方法，在包装设计中，根据画面需要，也常采用这种方法。其如图4.31所示。

105

（4）坐中齐。左右两边文案按中轴线排齐，轴线两侧文案顺其自然排列，这种编排形式多用在画面居中的位置。其如图4.32所示。

（5）环绕排列。有些画面文字可根据图形等造型因素的外形进行环绕排列。为加强图形的作用，可采用字图结合的形式，或者单用文字排列成一个形态，这种方法较为灵活，可自由变化排列。其如图4.33所示。

（6）不规则排列。根据设计师审美水平和编排经验，进行自由排列，讲求一定的内在规律，行与字的大小或位置等的自由变化不能松散、琐碎。其如图4.34所示。

图4.32　坐中齐文字编排

图4.33　环绕文字编排

图4.34　不规则文字编排

第4章 包装的视觉传达设计

2. 文字编排的和谐

（1）字体的风格和谐。在一件包装设计作品中，通常字体运用以两三种为宜，字体变化不宜太多，并且应注意字体间的和谐，如中文采用宋体，拉丁文字则可采用有饰线体；中文采用黑体，拉丁文字可采用无饰线体。其如图4.35所示。

图4.35 字体的风格和谐

（2）字号大小的和谐。这种和谐主要是指说明文，字号大小、笔画粗细的选择应用要适当。其如图4.36所示。

（3）字距、行距的和谐。在说明文上，要注意字距和行距的适度关系，通常行距要大于字距。如果说明文字较多，可考虑将其分为几个段落，或分开为几个部分，这样易于阅读，使人的眼睛不致疲劳。其如图4.37所示。

由于汉字与拉丁字母阅读方式和解读方式有着本质的差别，二者产生美的原因和类型也是不同的。因此，其编排方式必然有一些客观的区别。西文字体相对更具几何的特性，在方形主宰的平面设计媒体中，几何性的简洁明快的字体有的时候比形象、信息量大但结构复杂的汉字更具组合造型、编排上的优势。其如图4.38所示。

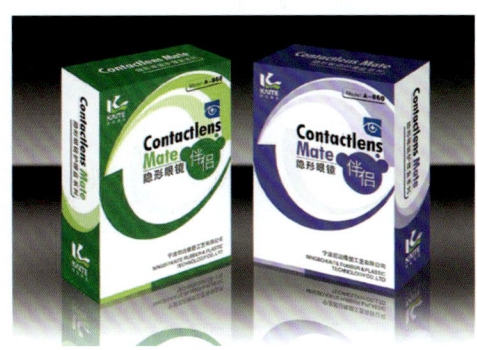

图4.36 字号大小的和谐

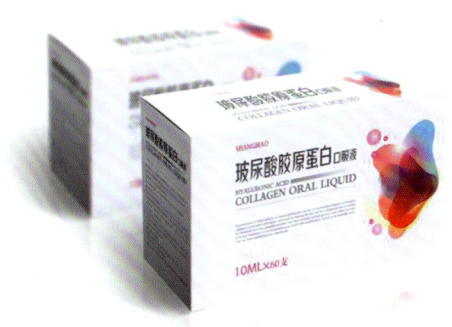

图4.37 字距、行距的和谐

图4.38 拉丁文字的编排设计

无论使用哪种方式进行文字编排,都需要反复推敲。在文字设计时,除了让人易读、易懂,更要注重美感、创意与独特。包装上的品牌名称和说明性文字,必须让消费者很好地认知,不然就失去了它的商品属性。但作为设计师来说,不能一味依赖电脑提供的程序化的效果,很多时候我们需要独立创造一些有趣的编排效果,以体现设计的某种特别意图。其如图4.39所示。

图4.39 包装字体整体编排设计

4.2.4 文字设计的原则

包装的文字设计是自由的,但不是任意的,应根据具体商品的特定要求,如设计商品的特质性能、传达对象、造型与结构、材料与工艺条件手段等,得出视觉传达效果最为有效合理的方案。

具体到包装的文字设计时,字体选择应用得是否恰当、精到,将对一件包装设计的视觉传达效果起到十分明显的作用。因此,挑选和产品功能相匹配的字体,要求设计者对各种文字的结构及特点有全面的了解。进而,设计者可以分别依据商品属性、材料和印刷工艺、文字词义和结构特征、文字的"易读性"四项文字设计的设计原则进行具体有效地设计。

1. 依据商品属性进行字体设计

从不同造型的字体来看,它们各有自己的性格特征。从平面视觉传达设计上来讲,如何运用好这些字体,怎样使文字的传达功能和造型功能对消费者产生强烈的视觉冲击效果;如何使消费者乐意接受这种冲击并转化为实际的购买行为,是我们设计时要考虑到的关键问题。这就要根据对象来选定字体,从所设计的项目来讲,要了解包装产品的类别、性质、特点及产品的销售对象。只要我们在设计时加以注意和比较,就可设计出与产品相适应的字体来。

根据通常规律,儿童用品多采用活泼、稚拙的字体;电器产品多采用厚重感的字体;文教办公较常采用严肃规矩的字体;男性用品使用字体要具有分量感;女性用品则较多采用秀丽、轻巧、柔和的字体。其如图4.40、4.41、4.42所示。

图4.40 儿童用品包装文字字体

图4.41 女性用品包装使用文字字体

图4.42 男性用品包装使用文字字体

2. 依据材料和印刷工艺来定字体

不同的包装材料要运用不同的制作工艺和印刷技术，所以字体的设计自然也要顾及这方面的情况。例如玻璃质感的包装一般体现其通透效果，金属材料的包装一般带有硬朗精致的效果，而纤维材料的包装则显得柔软随和，易展现亲和力。其如图4.43、4.44、4.45所示。

3. 依据文字词义和结构特征进行字体设计

按特定的词义进行设计，有助于人们的视觉传达和心理诱导功能的发挥，做为表意文字的汉字结构特点，往往就会联想到字的结构、词义与设计的最终目的。无论是采用表象的手法还是表意的手法，都会在不同程度上有助于视觉的传达作用；但在设计应用中要避免牵强、凑合、造作等弊端。其如图4.46所示。

图4.44 金属包装

图4.45 纤维包装

图4.43 玻璃包装

图4.46 依据文字词义设计的字体

4. 依据文字"易读性"进行设计

"易读性"是指文字在识别过程中的难易程度,具体而言就是包装中文字的设计要易于辨认和快速识别。虽然字体设计与其他艺术同样注重的是空间、平衡、规律、格调等因素,但字体的设计还必须注意"易读性",也就是指它的传达功能性。有人认为字体设计得花哨就是很有艺术感,事实上并非如此。造型过于纷乱就不易使人认出是什么字,从而影响到商品包装的自我介绍,自我推销功能,这是包装设计之大忌。经过缜密的思考,依据消费者的购买背景来设计清晰、美观的字体,加强文字的传达效果,这才是包装设计的重要表达技巧。其如图4.47所示。

图4.47 依据文字易读性设计的字体

4.3 色彩设计

色彩可以帮助人们识别形象,并对视觉产生吸引力,现代包装设计更是不断追求色彩的变换与样式的新颖。包装中的色彩设计,将艺术渗入技术、审美渗入科学,这就要求设计师用鲜明而强有力的色彩来表达其创意。在包装的色彩设计上既要强调外在的表象特征,又要强调其内在的精神因素。

一件包装应该具备良好的视觉特征,通过色彩的调配与应用,去捕捉人们的视觉,使人们产生愉悦的心理。这样的包装在任何地方都会是一个成功的推销员。因此,如何应用色彩的特性和科学的色彩理论来指导我们的包装设计,制造视觉传达力的最佳效果,并从而引发人们对包装色彩的情感反应,是设计者在设计过程中必须着重考虑的方面。

4.3.1 色彩的功能

1. 色彩的识别性

色彩做为拉开不同品牌彼此之间差异性的重要因素,都是与企业识别系统的色彩配合在一起使用的,具有很强识别功能的色彩可以使消费者提高色彩识别能力,巩固对商品的记忆。利用色彩的识别功能,不仅可以提高企业的知名度,而且极大地激发消费者对商品的购买欲望。色彩做为一种视觉交流媒介。它比形态更加具有视觉吸引力。其如图4.48所示。

2. 色彩的注目性

色彩在人们的社会生产、生活中具有十分重要的认识功能。由于人的视觉对色彩有着特殊的敏感性,因此由色彩产生的美感往往更为直接。色彩强烈的视觉冲击力最容易引起人们的心理变化和情感反应。所以,色彩是最容易引起消费者注意的设计要素。其如图4.49所示。

图4.48 品牌商品企业形象识别色彩

图4.49 洗衣粉包装

3．色彩的象征性

色彩在不同领域、不同的人群以及不同的时期被赋予了丰富的象征性。同时，色彩的象征性还体现在它更能引起观者的情感反应，人们对于客观世界的认识和反应以及情感活动都与色彩紧密相关。在包装设计中，色彩与商品的内容、性质有着必然的内在联系。各类商品都在消费者心目中有着固有的概念，色彩直接影响消费者对商品内容的判断。例如：橙汁的象征色是橙色；绿茶常使用绿色、蓝绿色等冷色调，它给人你宁静、清爽的感觉；红茶则选用沉着饱满的暖色调，它给人浓郁、味厚的联想等。其如图4.50所示。

图4.50 果味食品包装

4．色彩的情感性

人们对色彩的情感不尽相同，存在着或多或少的差异。在性别上：女性较喜爱偏暖的颜色以及纯度较低的粉色系列，而男性则大多喜爱冷色、或黑灰色系；在年龄上：随着年龄的增长人们对色彩有自己的偏好和理解，一般而言，儿童较为偏爱红、橙、黄、绿等高纯度的暖色系，而成年人较为喜爱蓝、紫、灰、咖啡等比较沉稳的色系。其如图4.51、4.52所示。

图4.51 儿童食品包装色彩情感表现

图4.52 成人用品包装色彩情感表现

4.3.2 色彩的基本特征

1. 色彩基本特征

包装上各种色彩的使用直接影响消费者的购买意愿，因为色彩的冷暖差异影响着人们生理和心理的变化，必须了解色彩的特性对于消费者的影响，以便于我们进行色彩的选择。

（1）红色。红色是一种具有强烈刺激性，使人兴奋的色彩，也是我国民间特别喜爱的颜色，象征爱情、活力、高贵、幸福、吉祥、革命政权等。包装上使用红色，会显得新鲜、充满活力，食物包装看上去美味可口，日用品包装看上去高贵豪华。其如图4.53所示。

（2）黄色。黄色是一种快乐、积极、高贵的色彩，被公认为是印象强烈的色彩，在包装上以食品类用得最多。其如图4.54所示。

（3）绿色。属于中性色彩，是介于冷暖两色的中间色彩，象征生命、宁静、青春、和平、自然。使用时，当它倾向于暖色系时，就富有朝气；倾向于冷色系时，就略显深沉，是表现力较强的颜色。其如图4.55所示。

图4.53 红色礼盒包装

图4.54 饼干包装

图4.55 糖果包装

第4章　包装的视觉传达设计

（4）蓝色。蓝天、大海的颜色，象征清爽、冰凉、博大、理智、保守，药品、洗漱用品和饮品的包装用得较多。其如图4.56所示。

（5）紫色。象征冷漠、神秘、高贵、威严，红色加少许蓝色或蓝色加少许红色都会明显地呈紫味。所以很难确定标准的紫色，紫色是包装色彩设计中比较难以把握的颜色，在女性化妆品和礼品包装中比较常用。其如图4.57所示。

（6）白色。白色是明度最亮、最纯洁的颜色，象征洁白无瑕、无污染等。结合其他的颜色一并使用，能得到高雅的视觉效果。其如图4.58所示。

图4.56　饮料包装

图4.57　香水包装

图4.58　洗液包装

（7）黑色。是明度最暗的颜色，代表着黑夜、沉重、孤独，是不易使用的颜色，但同其他颜色配置在一起使用，能表现出一种高贵的气质。包装上在表现高级感、男性美、文雅、深度、强烈个性时，黑色的表现力是很强的。其如图4.59所示。

（8）金色。金色是带有金属光泽，属于暖色系的色彩。给人以富贵、高级的印象，在印刷上是比较贵的色彩，是化妆品、烟、酒及各式礼盒包装上使用较多的色彩。其如图4.60所示。

（9）银色。银色是带金属光泽的色彩，属于冷色系，代表冷静、优雅、高贵等，在印刷上是比较贵的色彩。因此，多用在礼盒的包装上。其如图4.61所示。

图4.59　黑色包装

图4.60　啤酒包装

图4.61　银色包装

2. 色彩的心理取向

由于世界各国的自然环境、历史渊源和社会文化的不同,人们对色彩的爱好和禁忌也不同,了解商品消费者在色彩上的爱好与禁忌,对包装设计师在具体的设计包装色彩时具有重要意义。设计师只有通过对不同国家、地域、民族、人种、宗教、性别、文化层次、审美层次、年龄层次、风俗习惯的消费者,对各种色彩相同或不同的心理取向,进行深入细致地了解,才能减少包装色彩设计的盲目性,才能充分利用色彩的内在潜力,充分发挥色彩的内在价值。

(1)红色。在中国、日本和韩国,红色代表着喜庆红火,许多红色的商品包装都受到人们的喜爱和推崇。但是,阿拉伯国家的人就不大喜欢大面积的火红颜色,因为他们长期生活在大面积的沙漠中,所处的自然环境干旱,火红的颜色令人感到烦躁不安。

(2)绿色。中国人、新加坡人喜好绿色,认为是生命的象征;大多数伊斯兰教国家崇尚绿色,巴基斯坦最盛行蒲翠绿,美国人也较喜爱浅绿色。但是日本人不大喜爱绿色,视绿色为极大的不幸。

(3)黄色。印度人喜爱黄色。在日本,黄金色被认为是阳光的颜色、安全色,婴儿穿的衣服、儿童的帽子、书包等都盛行使用黄色。但是在信奉基督教的国家视黄色为下等色,在埃塞俄比亚,出门做客不能穿黄色的衣服,黄的衣服只能在哀掉死者时才能穿。

(4)蓝色。印度人、新加坡人喜爱蓝色,但是埃及人视蓝色为恶魔,伊拉克人视蓝色为不吉利。

(5)棕色。巴西人忌棕色,视棕色为最不吉祥的预兆。

(6)紫色。埃及人忌紫色,巴西人视紫色为悲伤。

(7)白色。泰国人喜欢白色,但是摩洛哥人忌讳白色,以白色为贫困的象征。

(8)黑色。黑色普遍给人的心理取向比较消极,大多数国家的人们不喜爱黑色。

在进行色彩心理的研究时,应注意不同国家、民族对色彩所特有的感觉与审美传统,各国、各民族对色彩的好恶,可直接影响到当地消费者对包装装潢乃至商品的印象。美国一位叫劳伦斯·雅各布斯的商学院教授,曾领导一个研究小组分别在美国、北京、东京、汉城,就商品包装与色彩等有关问题,对600名大学生进行抽样调查。美国人把灰色视为商品高品质和昂贵的象征,中国和日本人则认为灰色是廉价的。而这四个国家的人,对蓝、绿、红、黄、黑的感觉大体相似。雅各布斯的调查还将颜色的选择与产品销路的关系更加明确化,从而再次证实了文化背景不同的人们,存在着受色彩心理取向影响的不同消费心理。再如:包装上使用同样的紫色,在中国、日本、韩国,紫色普遍被视为象征高贵的色彩,多用于礼品包装。其如图4.62所示。而在美国人眼中是廉价的感觉,常用于日用品或食品包装中。其如图4.63所示。

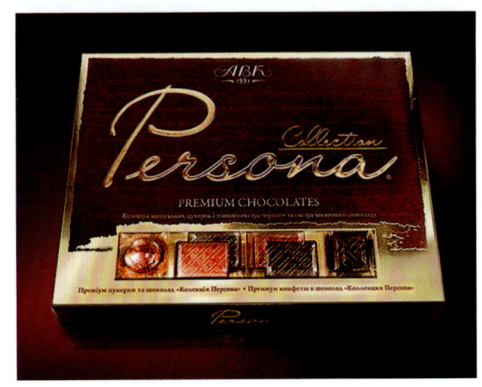

图4.62 礼品包装

现代包装设计

图4.63 牛奶包装

4.3.3 色彩表现

色彩作为现代包装设计中一个不可缺少的构成要素，是包装设计元素中最具表现力的元素。色彩不仅有强化造型的效果，而且它本身就具有很高的审美价值。

人类几乎时时刻刻都在接触色彩，商品在超市里能够引起消费者的注意，首要的因素是它的色彩作用。在包装设计中如何有效地运用色彩为商品包装服务，是衡量设计师专业水平的重要方面。其如图4.64所示。

图4.64 包装设计的色彩表现

第4章 包装的视觉传达设计

1．色调

色调是指画面上一组色彩所具有的总的色彩倾向、总的情调，犹如音乐中的主旋律，它在提高包装装潢的艺术性上起着重要的作用。一个小小的包装包括诸多内容，而且又要求在远距离的货柜上从一瞬间的视觉中突出出来，这就更要求商品包装具有整体感极强的色调。一幅画面是由几种或多种颜色构成的，可颜色的分布不可能是平均布置的，总有一两种颜色占主导地位，以这一两种颜色为基础，便形成了一个倾向色调。一般以暖调为主，尤其食品，如黄红色调给人以热量、食欲之感。其如图4.65所示。绿色调使人联想到茶叶、茶点的浓郁茶香。其如图4.66所示。

图4.65　橙、红色调的饮料包装

图4.66　绿茶色调包装

（1）鲜艳色调。色彩纯度非常高，多使用原色进行对比，色彩易于表现生动热烈，活跃欢乐，美丽甜蜜，生动豪华等画面效果，视觉冲击力强，感召力大。这种色调一般用在食品和儿童用品包装上。其如图4.67所示。

（2）温和色调。色度较低，对比弱，给人以浪漫、自然、温和、娇柔、雅致、庄重、高贵之感。此色调一般用在化妆品、高档礼品和一些医药用品包装上。其如图4.68所示。

图4.67　鲜艳色调包装

图4.68　柔和色调包装

（3）清晰色调。多为冷色与黑白的构成。给人以纯洁、新颖、洒脱、朴实无华、清雅高贵之感，多用在日用品、文教用品和一些烟酒包装上。其如图4.69所示。

图4.69　清晰色调包装

（4）黑、白、灰色调。色度极低，但却起到了其他色调所起不到的作用。黑与白是反差的极点，可极大幅度地拉开画面空间，能衬托和对比出其他颜色的色彩感(或冷或暖、或浓或淡)，使画面清新明快。经常大面积应用，能形成独有的主色调，更具高贵、纯洁的感受。其如图4.70所示。

（5）金、银、电化铝。金银属金属色，在所有颜色中身价最高，象征财富、权势、地位。在包装中多用于高档商品，如高档馈赠礼品、高档烟酒、滋补药品、化妆品等，给人以富丽、豪华、高贵典雅之感。由于其反光性较强，多与反差较大的颜色构成画面。有时应用面积虽小，却起到"画龙点睛"的作用，且具有强烈的吸引力和共鸣感。其如图4.71所示。

图4.70　黑白灰色调包装

图4.71　金银色调商品包装

2．色彩的对比

每一种色彩的对比在性质上、视觉表现上和象征效果上都是独一无二的。色彩和色彩组合构成了设计的基本手段，这种手段应用于包装，便使包装具有独特的内涵和外在的张力。色彩的对比是一种相互衬托的关系，孤立的一个形、一块色其感觉往往是平淡的、漠然的。一粗一细、一红一绿、一强一弱就产生了动感和美感。其如图4.72、4.73所示。色彩各种性质上的对比关系可以形成或华丽，或庄重，或妩媚柔和，或朴实无华的各种丰富的艺术效果。其如图4.74所示。色彩的配置是一项很重要的表现技巧，应该系统地加以研究，并经过反复实践才能真正掌握。

3．色彩的调和

指两种以上的色彩配置在一起所呈现的和谐、协调的状态，或在对比过分而出现不协调时掺入调和色进行调整。调和色的配置方法主要强调一组色彩的同一性，以减缓色彩之间的强对比，从而得到调和的效果。调和色配置得当给人以含蓄、高雅、丰富的感觉，但如处理不好将产生粉气、灰气、黑气、单调、平淡、委靡不振等弊病。其如图4.75、4.76所示。

4．现代色彩表现的情感理念

色彩对人的视觉可以产生直接的刺激，能使人的情绪发生变化，间接地影响人们的情绪和心理的改变以及对事物的判断。因此，色彩是个可造成视觉的冲击效果，可塑造为具有独创能力的媒介体。其如图4.77所示。所谓的包装色彩传递，是通过包装装潢的色彩配置，使包装具有良好的视觉特征，去捕捉人的注意力，通过色彩的象征性来影响消费者去喜爱该产品。

图4.72 艳灰色调包装

图4.73 单纯色调包装

图4.74 高纯度色调包装

图4.75 调和色调含蓄效果

第4章 包装的视觉传达设计

图4.76 调和色调柔美效果

图4.77 设计色彩视觉冲击力

包装色彩传递的要点：一是具有醒目的识别能力；二是具有色彩象征性来影响人们的情绪；三是色彩的联想与暗示作用。"颜色知觉对于我们人类具有极其重要的意义——它是视觉审美的核心，深刻地影响到我们的情绪状态。"（英国，格列高里）。在视觉传达设计中，色彩往往具有一种先声夺人的传达要素，就远观效果而言，色彩传达更优于图形的传达和文稿的传达。在包装商品中，色彩独具一种"货架的冲击力"，极易吸引顾客的视线，因而具有特殊的诉求力。

4.3.4 色彩的视觉传达设计

1. 色彩的视觉冲击力表现

包装中色彩的视觉冲击力可以直接引起消费者的购买欲望，因为绚丽斑斓的色彩对于人的视觉具有强大的吸引力。人的视觉包括色彩视知觉和形象视知觉两方面，彼此之间互相依存。任何色彩都不能脱离形象，而形象也正依靠色彩对比作用被我们的视觉所感知。色彩对比强，形象视知觉也强；色彩对比弱，形象视知觉也弱。为了使商品包装画面获得突出的视觉传达效果，加强色彩的视觉冲击力表现是非常有效的手段。具体来说可使用对比手段以加强明视度，从而为设计者所设计的商品在万千同类商品中脱颖而出起到重要作用。其如图4.78所示。

明视度是指利用色彩的对比关系所达到的醒目程度。在包装设计当中，不能一味的强调统一的色调，在统一的色调当中，还需要有不同性格的对比色彩，这种对比可以使包装画面生动活跃，使主题得到有效地加强。其如图4.79所示。

图4.78 包装色彩冲击力表现

图4.79　食品包装

2. 色彩的商品属性

色彩对人们的视觉会产生很大的影响，包装的色彩与商品的属性在人们的心目当中会形成一种内在的联系，人们看到一件包装，会在心理上对商品品质产生一种价值的评价，或者接受它，或者抵触它，甚至会影响到企业的形象。因此，包装的色彩设计要根据商品属性来进行。

商品包装色彩的构思主要从以下两方面考虑：既要符合商品的性能、用途，又要促进社会大众对色彩感觉的认同。因而，包装的色彩设计应在熟悉产品和消费者的基础上，根据色彩情感的规律，找出最佳的色彩组合语言，使包装产品的形象色在消费者的视知觉中形成最有效的信息传达，使其迅速地识别商品。例如：绿色在自然界中常使人联想到蔬菜，表示生命、安全，在包装上也常被用在西药包装及绿色食品上。可见色彩在不同类别商品的包装上所形成的象征性概念在人们的消费心理中是不同的。其如图4.80所示。

图4.80　商品属性的色彩表现

第4章 包装的视觉传达设计

对产品色彩要求最显著的莫过于食品包装的色彩，如糕点包装多用黄色，它是香味的象征；红茶、咖啡、威士忌、巧克力等饮料多用茶色，使消费者有较真实的感觉；在药品包装上：红色表示保健、滋补；橘红表示强心、开胃；绿色表示止痛、镇静；蓝色表示消炎、退热等。在商品包装上，用色不当必然不能准确地传达商品信息，以致造成巨大损失。

3. 色彩的图形色与底色

包装的色彩功能，在于更好地吸引消费者的视线。包装色彩的存在是以图形色与底色为依据的，当多种颜色配置在一起共同存在时，它们之间会相互影响甚至产生视觉的错觉，这与色彩的属性（色相、明度、纯度）以及色彩的形态和它们所占据的面积、空间都有一定的关系。

就视觉传达设计中的色彩与图形分析而言，首先我们清楚两者都能传递表情，并使观者获知信息。其次，色彩和图形互有区分，作为资讯传播的媒介，图形比色彩更有效。但是说到表情作用，色彩所传达的表情，恐怕是任何图形也不能比拟的。马蒂斯曾经说过，如果线条是诉诸心灵的，色彩是诉诸感觉的，那你就应该先画线条，等到心灵得到磨炼之后，才能把色彩引向一条合乎理性的道路。

可以说，色彩赋予了图形另一种生命、另一种神情气质和另一层存在的意义，从而使色彩被视为图形语言的一种形式。色彩美的内涵体现在三个层面：首先是视觉上的审美印象；其次是表现上的情感力量；第三是结构上的象征意义。

在很多品牌产品的包装上，其商标、品牌名称及其他重要图形常采用高明度、高纯度的色彩来表现，就是利用这些色彩的视觉特性，达到更好地突出主题和建立良好品牌形象的目的。其如图4.81、4.82所示。

图4.81 高纯度色彩商品包装

图4.82 高明度色彩商品包装

4. 色彩与企业营销

在现代商品包装上，色彩的又一功能是可以将特殊的商品按类别加以区分。现代企业为了突出企业自身形象，提高产品的附加值和识别度，在产品的包装设计中，用企业的视觉识别形象把不同使用功能的同类商品进行系列化设计，即采用统一的品牌，统一或近似的画面、造型、色彩等，使它们都具备共同的识别性，使它们以家族式的身份出现在市场上，形成集合效果。这样消费者很容易通过整体识别形象来认识企业、了解企业、接受企业。企业与消费者之间通过商品这个桥梁建立起一种长期的良好的供求关系。

现代企业在激烈的市场竞争中，为了更好地服务于消费者，也在不断地开发新的包装营销策略，如改进型包装策略、系列化包装策略、配套包装策略、礼品馈赠包装策略等，在整个策略实施中，色彩设计起着重要的作用。其如图4.83所示。

图4.83　可口可乐品牌系列包装的品牌标准色

4.4 编排设计

包装视觉传达设计也属平面设计范畴，它是依附于商品包装立体之上的平面设计，同样存在着编排构成理念。在当前商品竞争日益激烈，消费需求不断增长的市场中，商品包装的视觉传达设计直接影响着顾客的心理喜爱，以及购买欲望。产品在没有进入销售之前，根据不同的产品内容也需要把它"打扮"起来——设计出新风格和新式样的包装视觉传达系统。包装视觉传达的编排是通过包装结构和商品的形象以及色块，有计划地把各要素组织起来，使其发挥作用。具体而言，就是通过设计艺术手法，更具体、更集中、更明确、更形象地把要表现的商品主题内容，有效组织和编排在一个完整的整体包装之中，这种对商品包装进行整体的布置和安排的工作就是编排设计。其如图4.84所示。

图4.84　食品包装的编排设计

4.4.1 编排的基本要求

包装的形式多不胜数,每一类商品的包装风格也迥异不同,但就其具体商品而言,在对其进行包装设计时应讲求一定的编排手法,也就是将设计诸要素进行合理地、巧妙地组合,力求获得符合理想的表现形式。编排设计充分体现着设计者的设计意图,并在整个构图过程中围绕设计意图这一中心,有效地把编排上的组织变化与设计意图紧密联系起来,最终通过包装向消费者充分展现商品的特征和优势,从而达到宣传商品的目的。例如酒类包装,如果是作为礼品的高档酒,其包装设计要力求豪华典雅的风格。其如图4.85所示。食品包装,如是儿童食品,就要从少年儿童的年龄特点、爱好来考虑编排的样式,应以生动、活泼、自由的为好。其如图4.86所示。对于药品包装,要考虑受众群体的普遍性,其包装要严谨准确、易于识别。其如图4.87所示。总之,编排上的构图变化需要按照不同要求的包装内容来决定其具体形式。

图4.85 高档酒类包装的编排设计

图4.86 儿童食品包装的编排设计

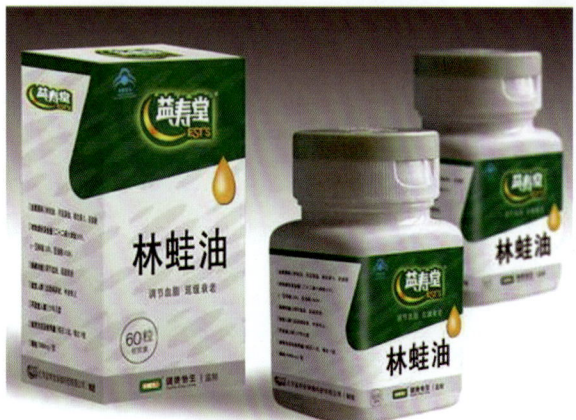

图4.87 药品包装

第4章 包装的视觉传达设计

1．整体要求

包装视觉传达设计的要素众多：产品名称（包括汉语拼音）、商标、图形、用途说明、规格等等，所有这些要素在大小比例、位置、角度、空间处理、节奏及与容器造型的各个面以及色彩等各方面的关系上是相当复杂的。而从包装视觉传达设计必须发挥促进销售作用来讲却又要求能在瞬间简明、快捷地向消费者传达商品信息。这种既复杂又简明的表达方式，尤其需要强调编排的整体性；整体性越强，越能使人一目了然。为此，对于包装画面诸要素，必须按照设计意图全面规划、精心布局，在处理上以最简明的点、线、面基本形态作为画面的要素和基本骨架。其如图4.88所示。

图4.88 包装编排的整体要求

（1）主题突出。设计意图主要是通过图形来表现的（以文字为主的编排构成主要图形就是文字）。在画面诸要素中，必有一个或一组担当着发挥主题的作用，被称为主要形象。因此，整体构图时就要通过各种手段——位置、角度、比例、排列、距离、重心、深度等来突出主要形象。其如图4.89所示。

图4.89 主题形象突出的食品包装

（2）主次兼顾。在包装画面诸要素的整体安排中，主要部分必须突出，次要部分则应充分起到衬托主题的作用，给画面制造气氛。它们之间的关系是：主次分明，各得其所；主次之间互相呼应，互相对照。突出主要部分固然重要，需要我们以主要精力去对待，而次要部分如何更好地衬托主题，如何达到主次呼应、整体协调，则需要我们精心推敲才能达到。编排构成的技巧就在于主次关系的处理上。其如图4.90所示。

图4.90　动物饲料包装

2. 形式美规律的运用

形式美规律是艺术与设计中关于美的各种形式的总结和归纳，为设计提供了组织画面的各种规律和模式。研究包装视觉传达编排的规律，必须围绕体现视觉传达艺术语言特色的要求去研究形式美的规律，即编排的一切都是为了在瞬间或一个较短时间内简明、快捷地向顾客传达商品信息。构图形式千变万化，纵观现代设计的发展，尽管提倡与现代科学具有共同的思考方法、新的审美观念和新的设计方法，然而万变不离其宗，任何最新、最美的版式变化总离不开统一与变化这条最根本的形式美法则。其如图4.91所示。

第4章 包装的视觉传达设计

图4.91 形式美规律在包装上的运用

（1）对称的运用。对称具有静态的秩序美。在装潢上经常表现一种恬静的、庄重的美的风格。绝对的对称有时使人感到呆板。因此，在设计时应很好地与感觉相结合，与表现内容相配合，在对称中求得稍有不对称的灵活的变化和动态，达到破格的效果。至于对称中需要增加多少破格的成分，应当根据内容需要而定。其如图4.92所示。

图4.92 对称的运用

131

（2）均衡的运用。均衡不像对称那样严格要求图形或色彩的绝对一致，设计上的均衡重在感觉，只要画面有一种内在的平衡就可以了。中国画经营位置中的"密不通风、疏可跑马"的平衡手段，正是表现了疏密变化关系。大量的包装视觉传达设计更需要生动、自由、活泼的均衡表现形式。其如图4.93所示。

图4.93 均衡的运用

（3）比例的运用。比例关系的分割是编排设计产生美感的手段之一。众所周知：比例关系越小，越稳定（变化小，统一感强）；比例关系越大，则变化越强（变化大，统一感弱）。各种比例关系的运用也应视不同内容的需要而定。打破一般的比例关系，探索一些特殊的比例关系，如果运用得当，更有新意。其如图4.94所示。

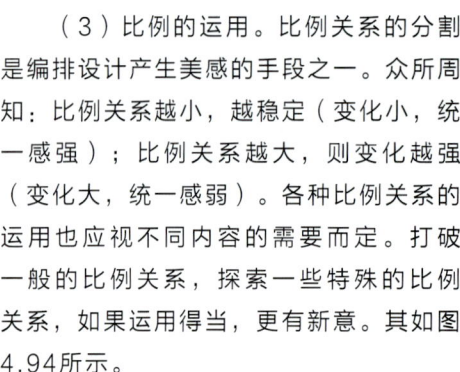

图4.94 比例的运用

（4）对比的运用。包装编排设计需要表现最富有生机的"对比"规律，而忌表现单调乏味的等同现象，这样才能引起广大消费者审美心理的共鸣。没有各种对比关系，就无法表现各种编排的变化。因此，版式中需要各种对比关系，如大小、曲直、长短、多少、高低、强弱、动静、疏密等。对比的程度应按内容不同而有所不同，掌握"分寸"要得当。其如图4.95所示。

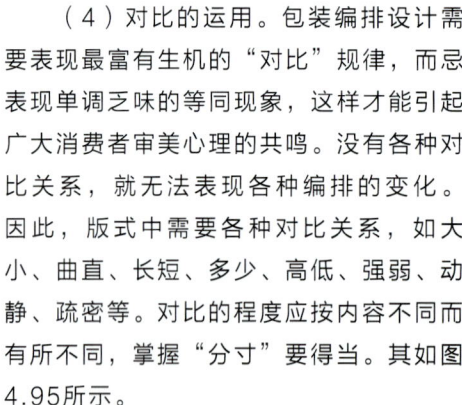

图4.95 对比的运用

（5）韵律的运用。韵律感是指有节奏的正反交替的变化，它来源于自然界和生活中的生长规律和生活现象，所以节奏感是韵律感的基础。编排中的节奏感主要来源于图像中合乎一定规律的大小、曲直、长短、多少、高低、强弱等的渐变、增减和起伏变化。韵律在包装视觉传达设计中所产生的诗情画意和美感往往给人留下美好的印象，从而增强消费者对商品的记忆程度。其如图4.96所示。

第4章　包装的视觉传达设计

图4.96　韵律的运用

（6）空间的运用。空间的表现在包装编排中起着烘托与加强主题的作用，同时空间也烘托文字的清晰度。在设计时既要考虑到空间的实际效果，也要展现空间的艺术感染力。过分的空间就成了空洞乏味，而过分的实地就堵塞了一切。进行设计时，必须充分发挥空间给予人的感情上的作用。因而，空间运用的效果可以反映设计者的水平和深度。其如图4.97所示。

（7）调和的运用。调和之美在于"多样的统一（变化的统一）"。调和的美还可以体现在同质要素或邻近要素之间的关系上。从广义上讲，包装装潢版式中对比、对称、平衡、比例、空间各种形式美法则的运用或结合运用，最终都必须以调和进行整体协调。其如图4.98所示。

图4.97　空间的运用

图4.98　调和的运用

133

4.4.2 编排的构成关系

在一件完整的商品包装中,必然同时存在着对其商品起解释和美化作用的几大构成要素,它们分别是:商标、文字、色彩、图形、结构等,这些要素要经过设计师精心严谨地编排设计后,才能产生一件完整而有效的商品包装。设计师在对商品包装设计过程中,要想达到预期的设计效果,就必须考虑包装编排的构成关系,例如图形与图形的关系;图形与文字的关系;文字与文字的关系;不同色块之间的关系;不同包装展示面的关系以及不同包装单元的系列关系等。其如图4.99所示。

图4.99　包装编排效果

1．图形与图形的关系

图形作为视觉传达语言,在设计中必须准确达意,在处理图形时要能反映商品的品质,抓住主要特征,注意关键部位的典型细节。图形设计的内容、种类繁多,按性质可分为:产品形象、标志形象、消费者形象、产品原料成分形象、应用说明示意形象、辅助装饰形象等。现代销售包装的视觉传达设计作为一种小型广告,就必须注意图形的鲜明性与独特感,从而为销售商品起到包装和宣传的作用。其如图4.100所示。

图4.100　商品包装图形之间的关系

第4章 包装的视觉传达设计

大面积的图形在视觉上有一种生动、真实以及向外扩张的感觉；小面积的图形在视觉上有一种精致、细巧以及向内稳定的感觉。大小不同面积的图形搭配使用，可以产生视觉内外的节奏变化和版式空间的深度变化。无论是以大图形为主小图形为辅，还是以大图形为背景处理，以小图形为集群化处理，关键是要明确版面的主体与从属、重点与一般的视觉传达信息之间的关系。其如图4.101所示。

图4.101 图形与图形之间的关系

2. 图形与文字的关系

在一个完整的包装版面中，图形与文字同置于一个版底之上，图形、文字、空白这三者之间的形式变化和比例关系组成了整个展示面的编排效果，图形表现相对是动态的，文字表现相对是静态的，而空白表现却是中性的。这三者组合的面积比例是决定版式视觉质量的关键。其如图4.102所示。

图4.102 食品包装中图形与文字的关系

现代包装设计

图4.103　酒类包装

在图形与文字的关系中，大面积的图形易于营造强烈的视觉冲击效果，结合一定的空白，表现趋于感性诉求；大面积的文字利于信息容载量，结合一定的空白，表现趋于理性诉求；大面积的空白往往给人以视觉审美的"前卫"感。图与图、字与字、图与字的位置关系应灵活多变，保持整体的活泼奔放。调整局部的刻板生硬，"你中有我"的突破分割界线，寻求呼应平衡，甚至可以冲破边框作"出血"式的图形处理，从而使包装编排表现的结构划分藏而不露，使编排表现的语言元素分而不割，既有区域秩序又确保浑然一体。其如图4.103所示。

3. 文字与文字的关系

所有的产品包装上都离不开文字。因为文字不但具有装饰性，更重要的是它还具有直接的信息传达功能，因此表现包装主题的大多是文字。在设计中安排主题文字，首先是它在整体设计中的位置、大小、比例以及文字的字体和色彩等。主题文字的设计方法很多，不仅仅以在中心位置、大小适中的一种方法凸显文字主题，只要文字和色彩、空间的比例相适合，用超乎寻常的大字或超乎寻常的小字，都可以起到突出文字的目的。一般消费品，主题文字宜突出，可以用较粗的装饰字体排列在包装的视觉中心位置，文字色彩和背景色有较强对比为好。其如图4.104所示。

图4.104　食品包装

第4章　包装的视觉传达设计

高档消费品包装，主题文字宜作优雅处理，文字位置可巧妙地设计在包装的非常规位置，字体简洁，色彩柔美，在突破常规的构成之中求新、求奇。其如图4.105所示。一件包装设计往往需要使用多种字体，因此字体间的相互配合与协调就成为十分重要的问题。如字体选择过多，极易造成纷乱感，难以协调。通常控制在三种以内为好，并在数量上有多有少，才能够突出重点。其如图4.106所示。

图4.105　香水包装

图4.106　包装多种文字使用效果

文字的编排处理在整个包装中起着至关重要的作用，就是因为文字涵载着商品的重要信息，是消费者了解商品的载体。因而，在对文字进行艺术形式处理的同时，不能忽略其一般意义上的合理性，即规律上的常识。文字的书写必须严格正确，包括文字的规范化、印刷字体的笔顺，简体字与繁体字的区别使用等。字体的选用要以易读性为原则，字体设计应使视觉在尽可能短的时间内识别文字。字体的大小应在一定的范围与距离内适合视觉功能。字体整体设计应注意视觉移动从上到下、从左到右、直线阅读速度快、曲线阅读速度慢等的科学性，并要注意横向与竖向两种排列的主次组合关系，避免均等处理及漫不经心编排导致的视觉流向混乱。不管是用哪种方式排列主题文字或辅助文字，都需要设计者反复推敲文字的字体和文字的编排方式，可采用线形编排形式、面形编排形式、绕图编排形式、变化编排形式等。其如图4.107所示。

4．不同色块的关系

不同形状的色相、明度、纯度的色块处于不同位置，给人的"重量感"是不尽相同的。深暗、鲜明、对比强烈及暖感的色块感觉较重；浅淡、模糊、对比软弱及冷感的色块感觉较轻。在构成中应注意它们之间疏密关系的平衡与稳定。任何色块在构成中都不应是孤立出现的，它需要同种或同色块的上下、前后、左右诸方面彼此相互呼应，并以点、线、面的形式做出疏密、虚实、大小的丰富变化。

商品包装要具备一定的色彩基调，如果说文字对商品具有解释说明作用的话，那么包装的色调就起到传达情感，烘托主题的作用。色调构成应根据内容、图形、效果区分色彩的主次关系，即主导色、衬托色、点缀色。

（1）主导色。高纯度的色相十分抢眼，视觉诱惑力强，易成为主导色；面积大的色块充满空间，视觉效应性大，易成为主导色；主体形象的色彩有视觉的特殊吸引力，易成为主导色；中心位置的色彩影响整个色彩的构成，也易为主导色。如图4.108所示。

图4.107　酒类包装

第4章 包装的视觉传达设计

图4.108 主导色包装效果

（2）衬托色。色彩的衬托主要依赖于各种形式的对比，主要有：明暗衬托——用较大面积的亮色(或暗色)与较小部分的暗色(或亮色)进行对比；冷暖衬托——用较大面积的冷色(或暖色)与较小部分的暖色(或冷色)进行对比；灰艳衬托——用较大面积的灰色(或艳色)与较小部分的艳色(或灰色)进行对比；繁简衬托——用较繁杂的色(或简洁的色)与简洁的色（或繁杂的色）进行对比。其如图4.109、4.110、4.111所示。

图4.109 明暗衬托

图4.110 冷暖衬托

图4.111 灰艳衬托

（3）点缀色。点缀色具有醒目、活跃、生动的特点，在构成中可"平中求齐"、"锦上添花"，应注意其位置与面积的关系，可在暗色(或明色)中点缀明色(或暗色)；冷色(或暖色)中点缀暖色(或冷色)；灰色(或艳色)中点缀艳色(或灰色)。其如图4.112所示。

图4.112　点缀色包装效果

主导色、衬托色、点缀色是由于互相对比与依赖而出现的，它们与面积的关系是灵活多变的，有着十分微妙的转换性与神奇的动态性。针对不同商品属性和特征可以选择不同的色彩表现方式，但无论出于何种色彩创意设计，色彩搭配都要从宏观角度出发，讲求整体视觉效果。

5. 不同包装展示面的关系

商品包装是由构成立体空间的各个平面组合而成的，构成整体包装的各个平面之间有机联系在一起，各个平面承担着各自的使命，商品信息的传达对于每个平面的要求不同，其中，最具视觉冲击效果和信息快速传达最直接的平面就是商品包装的主展面。一个有机的包装，其视觉传达设计不是单纯的画面装饰，它必须是一定商品信息传达和视觉审美传达相结合的设计。

主展面是指商品信息的主要展示面。在商品陈列时，主展面通常也是直接面对消费者的第一展示面。因此，主展面的主要功能，就是以较高的注意价值吸引消费者的注意，并能使人一目了然地接受商品的主要信息。因为，消费者只有被主展面的信息吸引，并产生兴趣之后，才有可能进一步去注意分布于次展面上的其他信息。所以，影响消费者对商品"第一印象"的主展面，是使消费者对商品产生初步兴趣的关键。

通常主展面的信息有：商品的品名、牌名、商标、商品生产企业的名称，以及有助于明确反映商品内容、特性、功能和使人感兴趣的图形与色彩。在编排主展面的信息时以简明为佳，应以最能吸引消费者兴趣的定位点为中心，使其强化为主展面的主导信息。对其他信息则采取能削弱就削弱，能安排于次展面，就不放在主展面的思路进行调节。如果不加选择、不分主次地将所有信息都充满主展面，不仅会使主展面的空间节奏因过分拥挤、琐碎而削弱其注意价值，而且也直接影响消费者对主要信息的识别和记忆。其如图4.113所示。

次展面是相对于主展面而言，在商品的陈列、展示面中，视觉冲击力次于主展面的视觉传达展示面。在包装编排中，

第4章 包装的视觉传达设计

图4.113 包装主展面信息

除了主展面以外的其他展示面都属于次展面，次展面在柜台陈列时，因受到陈列条件的制约，常常不直接面对消费者，只有当消费者受到主展面的吸引，对该商品产生初步兴趣时，才会更加接近该商品，并进一步审视次展面上的商品信息。次展面上的内容多是对主展面内容的补充和具体说明。一般被安排于次展面上的内容有：商品的成分、数量、质量标准、相关的审批文号、质检编号、生产日期、保质期、条形码、商品的使用说明、注意事项、功能特性、生产企业的地址、邮编、电话等，与主展面的图形和色彩能相互呼应的图形和色彩。其如图4.114所示。

图4.114 包装次展面设计

在有些包装的次展面上还印有广告语等内容。虽然次展面对于商品视觉传达的整体而言，其价值明显弱于主展面的视觉层次，但次展面上的信息，不仅能为消费者提供具体了解商品、正确使用和保存商品的说明性及说服性的信息，而且还为激励消费者的购买信心，最终促成购买行动起到十分重要的作用。事实上，有很大一部分消费者最终完成购买行为，都与被安排于次展面上的信息所产生的说服力有关。

包装的各视觉传达展示面共同构筑起一个有机整体。虽然主展面与次展面对商品信息的传递各有侧重，但是绝不能孤立地处理主展面或次展面。对于主展面与次展面的形式处理，应既有不同、又有相同；既有丰富变化、又有明确呼应，从而使二者主次分明、和谐统一，并充分发挥其对商品信息传递的独特功能。事实上，在有些视觉传达画面的设计中，有意弱化主展面与次展面的差别，并采用将不同展面图形、色彩紧密连贯的形式，同样也能达到很好的信息传递效果。其如图4.115所示。

图4.115　牛奶包装

6. 不同包装单元的系列关系

商标是包装设计中既关键又重要的共性因素之一，常常成为系列表达的中心。日本设计师加纳光先生经过长期的市场调查和销售研究后认为，在包装上"忽视了商标，就等于丧失了包装的生命"。因此，形成统一商标的包装系列化，有利于提高产品的市场竞争力。其如图4.116所示。

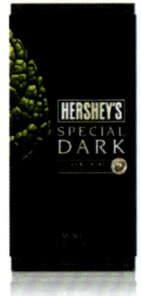

图4.116　统一商标系列包装

将一个企业中所经营的各种产品统一牌名，形成系列产品，可以争取市场，扩大企业的知名度与产品销路。其如图4.117所示。

图4.117　统一牌名系列包装

第4章 包装的视觉传达设计

在包装的系列化设计中，文字的统一至关重要，单是字体统一也可达到系列化效果。文字字体统一可以增强识别效果，除了对文字本身的设计之外，文字与文字之间的合理巧妙的编排形式也可以营造出系列包装的连续性效果。其如图4.118所示。

图4.118　统一文字包装

根据产品的不同特征，确定一种色调作为系列化包装的主调色，从而使顾客单从色彩上就能直接辨认出是什么类别的产品。另外，还可采用统一装潢、统一造型、统一使用对象等手法达到包装系列化的设计。其如图4.119所示。

编排是包装视觉传达乃至一切绘画艺术成功与否的关键环节。编排即是在有限的空间(立体或平面)里，将所要表现的内容有主有次、有轻有重、有浓有淡、有疏有密地组合在画面中，形成一定的"骨架结构"。包装的设计构图是各构成因素在画面中的"经营位置"，是将商标、文字、图案、商品形象、说明、条码等元素有机地组合在特定的空间里，构成一个完美的无懈可击的整体。编排的结构形式从广义上可归纳为以下四种形式：对称式、均衡式、三角式和分割式。其中，又以分割式涵盖的形式最为多样。

图4.119　系列化包装

143

（1）对称式。对称式构成可分为上下对称、左右对称等形式。对称式的视觉效果一目了然，给人以稳重、平静的感觉。设计中应利用排版、距离、外形等因素，创造微妙的变化。其如图4.120所示。

（2）均衡式。均衡式具有横向平衡、竖向垂直、斜向重复的构成基调，在匀称平齐中获得变化，大方单纯，是较常见的形式。设计时既要考虑到均衡的结构需要，同时要灵活运用形式美的规律，忌讳呆板、僵硬的构图。其如图4.121所示。

（3）三角式。三角式的编排结构形式与常规的包装结构形式相比，以其独特的气质迎合了特定受众群体的喜好，也因此呈现出独树一帜的面貌。三角式画面分割鲜明，视觉冲击力强，无论是以三角形作为构图形式还是包装造型，都使人耳目一新。其如图4.122所示。

图4.120　对称式编排

图4.121　均衡式编排

图4.122　三角式构图编排

第4章　包装的视觉传达设计

（4）分割式。分割式是视觉要素有明确的线型规律占有空间位置与面积的构成方法。几何分割的构成关系，可以形成整的画面形式，严谨均衡，分割的方法有多种：

①垂直式。给人以挺拔向上之感，此种构图颇有分量。其如图4.123、4.124所示。

②水平式。给人安静、稳定、平和的感觉。要处理好水平线的分割，面积比重的变化。其如图4.125所示。

③十字式。构成形式平稳，给人以稳定感。在图象和色彩上可以做适当的变化，获得稳中有变的新意。其如图4.126所示。

④倾斜式。给人一种方向感，以方向的律动形成动感。其如图4.127所示。

⑤弧线式。包括圆式、旋转式，在设计中应用极为广泛。其如图4.128、4.129所示。

图4.123　垂直不对等式

图4.124　垂直对等式

图4.125　水平式

图4.126 十字式

图4.127 倾斜式

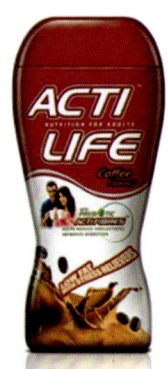

图4.128 横向弧线式

图4.129 纵向弧线式

第4章 包装的视觉传达设计

（5）散点式。结构自由奔放，画面充实饱和，空间感强。其如图4.130所示。

（6）中心式。主要表现内容置画面中心位置，形象突出。其如图4.131所示。

（7）空心式。突出的视觉形象或色彩置画面边缘位置，中心大面积空白处形成视觉中心放置主要信息，形成对比关系。其如图4.132所示。

图4.130 散点式

图4.131 中心式

图4.132 空心式

（8）格律式。将画面分成多个空间，使用相同或近似的视觉元素、关系元素进行构成，与图案设计中的连续纹样极为相似。格律的构成方式产生单纯的统一感，效果平稳、庄重，可以给视觉留下深刻的印象。其如图4.133所示。在此基础上，稍作变化，可以产生多种效果，增加丰富感。其如图4.134所示。

（9）参插式。是多种图形与文字、色块相互穿插，嵌合、透叠、交织的构成方法。多种对比带来富有个性的响亮效果，既有条理又丰富多变。在进行组织构成时，也应该不断地运用对比与协调的形式原则，乱中求齐，平中求变。其如图4.135所示。

（10）疏密式。疏密式是加大疏密对比的构成方式，形式与空心式较相似，使画面产生强烈的对比感，只是空间更为

147

宽阔，变化余地更大。其具有奇异的趣味性与简洁高档的文化品位。处理空白时不能盲目，空白的位置与面积应舒适得当，虚实相生。其如图4.136所示。

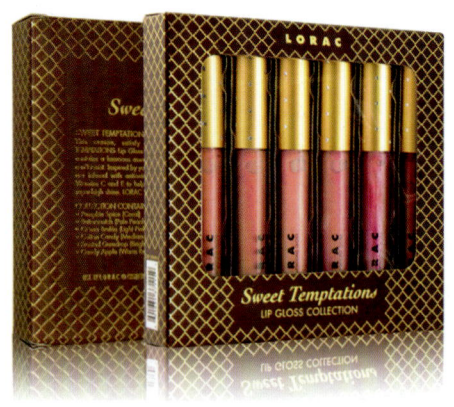

图4.133　单纯格律式

图4.134　变化格律式

图4.135　参插式

第4章 包装的视觉传达设计

图4.136 疏密式包装

（11）综合式。综合式是一种无固定规律的构成方式，但无固定规律并非无规律，而是通过遵循多样统一的形式规律产生多样的效果。其如图4.137所示。

包装编排设计是一项复杂而全面的工作，参与编排设计的文字、图形、色彩等元素需要设计师通过大量的设计实践和精心地策划安排才能有机地融合在一起，从而共同支撑起包装的整体面貌。

包装总体编排设计要根据构思、表现要点，赋予包装一定的整体形象，要有一种基本构成格局和一个构成基调，进而支配局部成分的具体处理。注意面积的大小、色彩的轻重、文字的主次比例，设计元素的对称、连贯、呼应、依托、遮挡、渐变、适形等。没有统一的基础谈不上变化，没有变化的差异性也就谈不上统一，所谓变化就是要突破单调性，使构成关系富有生机。

图4.137 综合式

149

课题训练

第4章

1. 熟悉图形的种类及其在包装上的表现手法。强化摄影训练,根据产品包装的要求,选用适合的摄影图片运用到产品的包装设计上。

2. 设计以文字为主体,来体现产品的特征与性质的产品包装。

3. 训练包装色彩的设计与应用技巧。

4. 思考包装构图的形式与规律。

5. 设计一套系列化的产品包装。

第5章
包装设计的程序与创意

5.1 包装设计的流程　　P.152

5.2 包装设计的定位　　P.156

5.3 装设计的创意设计　P.165

5.1 包装设计的流程

5.1.1 常规材质的包装设计制作流程

1. 设计准备阶段

（1）了解委托客户对包装设计风格与特质的要求与期望。

（2）调查同类企业与同类产品的包装现状，了解不同品牌同类产品的优缺点。

（3）对消费者、消费心理和行为、销售地区等作综合地分析研究。

（4）对产品的特征、企业形象、市场现状、开发预算与售价等进行分析研究。

（5）收集相关的参考资料，寻求设计定位点作为设想创新依据。

（6）评估各种构思方案，并选定主要构思方案。

（7）包装条件的设定，拟出包装计划及工作进度表。

2. 草案

依据委托客户的营销策略和市场调研的相关资料，形成包装设计的大致思路，并将这一构思形象化。其如图5.1所示。

（1）一般用铅笔、钢笔等简易工具，根据构思对包装的结构形态及主要展示面上的图形、文字、编排方式的展开表现形式及构成手法等进行多方面和多角度的尝试。

（2）了解内容物的特性，如是否易碎、轻重程度，是否展示商品效果等。根据内容物特点选择纸材，通过启示、联想等方法，开拓思想，形成设计构想，既体现创意，又要综合考虑纸包装的各种功能。

（3）设计多个方案，研究比较，选择最佳。根据构想，在草纸上绘制外观造型草图。

（4）根据外观造型草图，研究纸盒平面展示图，并在拷贝纸或描图纸上精确绘制平面展示图。平面展示图的设计要考虑纸的方向性、纸的最大尺寸、加工方法与成本核算等。

第5章　包装设计的程序与创意

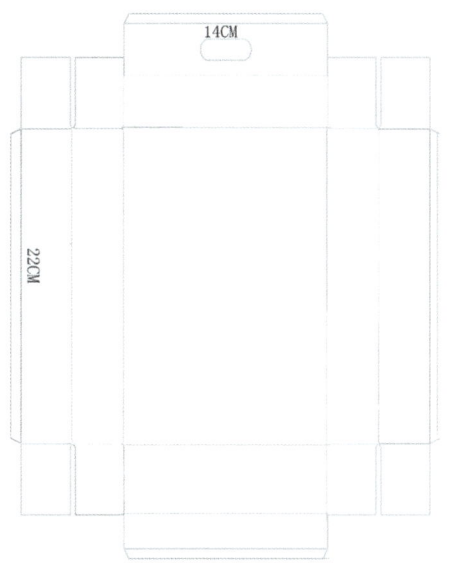

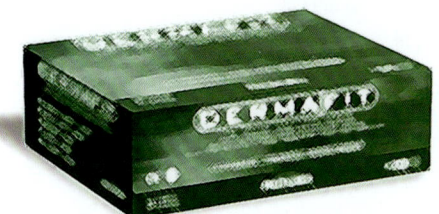

图5.1　草案阶段

3．修正案

　　草案确定后与委托客户对草图进行沟通分析，将草图精确构思，运用设计的基本原料以原比例尺寸精致化。修正稿的目的在于突出重点，设计师对设计印象表现及其表达方式、印刷方式、材质运用等均已有明确的了解。确定设计方案后，可以进入电脑制作阶段，一般常用的软件有Photoshop、CorelDraw、Illustrator等几个软件。其如图5.2所示。

图5.2　修正案阶段

153

4. 正稿与制作

（1）确定设计方案后，进一步了解纸盒尺寸规格、用纸大小、用色套数，画稿尺寸一定要按比例放大，同时要标上原稿的标准尺寸。特别是对纸盒六个面相互的关系、结构要清楚，纸盒的正面与反面、顶部与底部以及顶部与底部插入口的方向等结构线都不能搞错。

（2）套色要区分清楚，使制版师能根据分色稿对照设计稿把几块色版分制出来，为了能使画稿上的各种色块在黑白稿上一一区分开来，必须掌握线条分色法，应用黑、红两种颜色和实虚两种画法来表示。两色以上的共用分色线只能用实线，以免填版不便。其次用阴阳两块面来表示区别分色。碰到深底色上有淡色文字的时候，可以把淡色文字也绘制成黑色的，但在绘制深底色时，在与文字接近的地方留出白色就可以，然后标注出文字部分作翻阴处理，制版时只要将感光底版翻拷一次就可以。

（3）对于共用分色线不能绘制得太粗，因为它是一条实线，过粗，叠色后会产生复色；过细，印刷时会出现色与色之间露白，破坏画面。

（4）要注意放切口，切口是指在印刷品印刷后切下来的部分，一般切口必须要留3mm，这样在印刷后切割成品的时候不会漏出白边，并绘制出净尺寸线，在稿件的上下左右的中间画出十字线，以便于制版印刷时拼版制作。

（5）根据工艺要求的网线确定输出的分辨率以1∶2较为理想，即印刷为150线时，分辨率为300dpi。前期采用图片尽量选择品质高的图片，印刷稿件色彩模式必须设置为印刷模式：CMYK。色块与文字的色彩都要参照印刷色谱图录的数据逐一输入颜色，这样才能把握好印刷成品的色彩效果。其如图5.3所示。

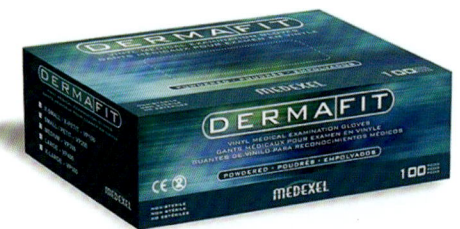
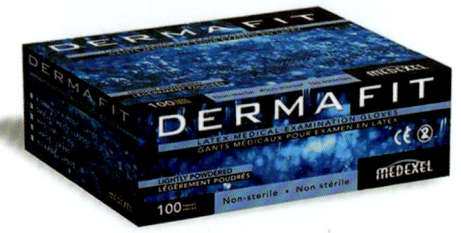

图5.3　正稿与制作

5.1.2 特殊材质的包装设计制作流程

包装设计制作流程。其如图5.4所示。

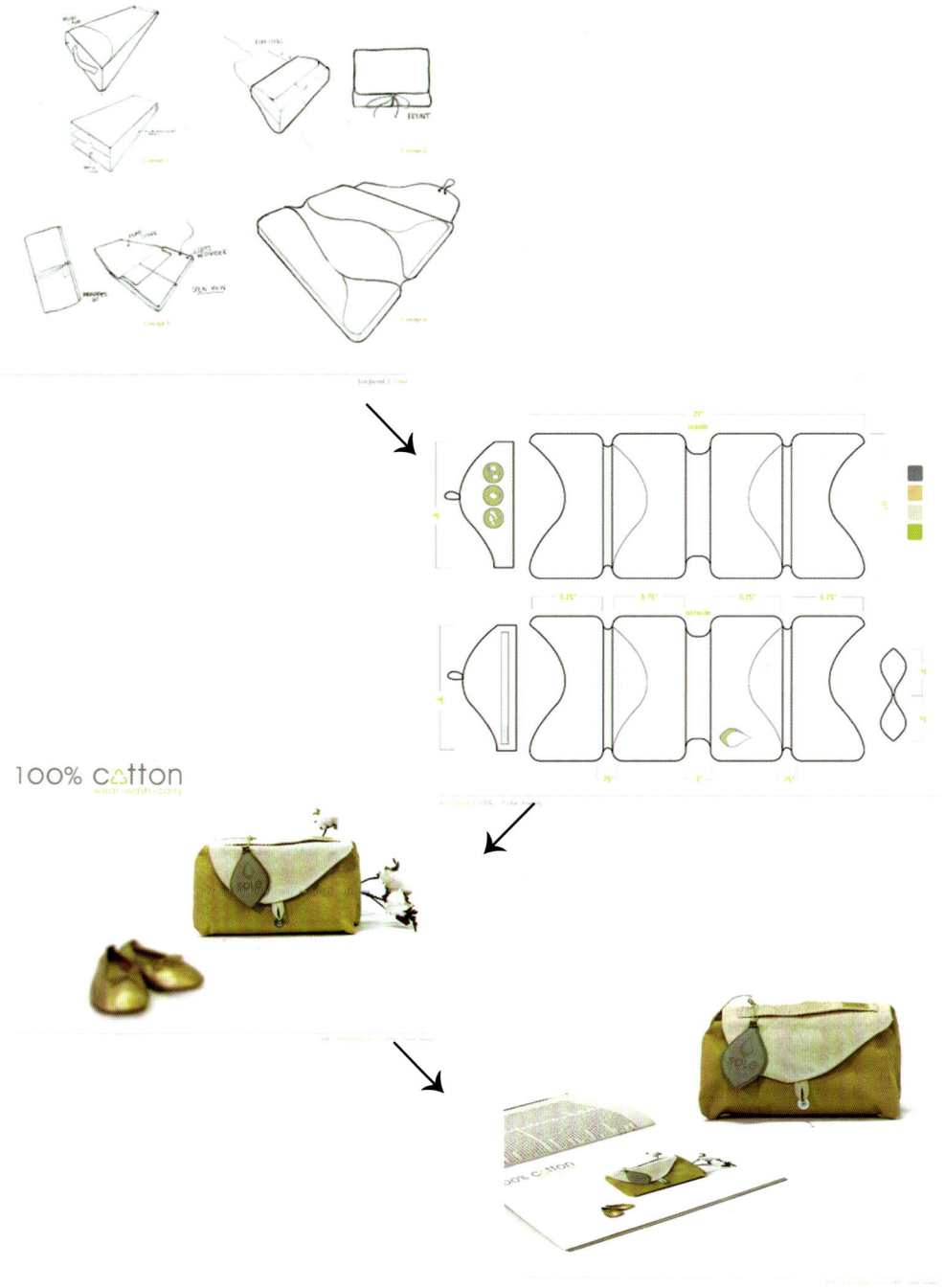

图5.4 特殊材质的包装设计制作流程

5.2 包装设计的定位

人作为消费的个体无论哪一方面都具有差异性，也从现实角度说明包装设计只能是针对一部分消费群体，传达商品中一些有价值的和消费者所需求的信息。设计定位就是由此而产生的与设计构思紧密联系的一种方法，它强调设计的针对性、目的性、功利性，为设计的构思与表现，确立主要内容与方向。包装设计初级阶段的设计定位是非常重要的。

市场学家证明了这样一个事实：一旦某种消费品在人们的心目中有了位置，在一般情况下，人们在一段时间内不太愿意去冒险尝试另一种消费品，除非某种新产品有机会能证明自己更重要、更有价值。这一实证体现了现代包装定位设计的主要意义，即现代包装要把自己优于其他商品的特点强调出来，把别人没有考虑到的重要方面在自己的包装中突出出来，确立设计的主题和重点。强调把准确的商品信息传递给消费者，给他们留下独特的商品印象。

5.2.1 定位设计

定位设计是从英文"Position Design"直译过来的，是在1969年6月由美国著名营销专家A.里斯和J.屈特提出的定位理论——"把商品定位在未来潜在顾客的心中"而得来的。商品包装通过定位设计取得了显著效果。国外把20世纪70年代的市场销售战略称为"定位"战略。国外设计界对定位设计所下的定义为：产品定位是用来激励消费者在同类产品的竞争中，对本产品情有独钟的一个基本销售概念，是设计师通过市场调查，获得各种有关商品信息后，反复研究推敲，正确把握消费者对产品与包装需求的基础上，确定设计的信息表现与形象表现的一种设计策略。

包装设计的定位思想是一种具有战略眼光的设计指导方针。然而，当整个营销观念、市场机制、经济发展和消费方式还没有与国际常规协调接轨的情况下，对设计定位思想的价值认定、理解和解释也各有不同。包装设计的定位思想基于这样一种认识：任何设计的目的性、针对性、功利性都伴随着它的局限性同时出现。消极地回避、无奈地折中都不能解决问题，唯有遵循设计规律，强调设计固有的针对性，反而能收到良好的效果。发达国家提出了以五个"W"来标定产品设计的综合定位，即：什么东西(What)、为谁设计的(Who)、什么时间(When)、什么地点(Where)、为什么(Why)。反映在包装中，第一个"W"指设计首先得告诉消费者，这是什么商品。第二个"W"指这种商品是卖给谁的。第三、第四个"W"提醒设计师不要忘了商品的时空定位。第五个"W"要设计师用视觉形象作出回答为什么要这么设计。

"什么商品"是包装设计所要表达的第一要素。它不仅仅指设计师应该将该商品的所有信息，包括商品的内容、品牌、如何使用、怎样保存、重量、等级、成分、生产日期、批号以及用完后的废弃处理等用文字或图解有条不紊地表示出来，而且还应该调动一切艺术手段，用形和色作为设计语言来塑造富有艺术效果的商品形象。其如图5.5所示。

图5.5　逼真的包装造型，直观传达了商品内容

"卖给谁"这一问题在商品匮乏、经济落后的地方是理解不了的。因为只要是好吃的、好用的，大家都会买，没有挑选的余地。然而一旦经济发达、物质丰富、商业繁荣，消费中的群体特征和群体差别就会出现。所以，只有参照市场多样化、差别化的规律，针对某一消费群体的需求和潜在需求进行设计，才有可能在设计中"领导新潮流"，才有可能在拥塞的市场中抢滩登陆。企业家和设计师要对商品包装存在的日益明显多样化、差别化要求的客观规律予以充分地认识，才会客观做出市场需求的评价，有针对性的开发并设计出符合目标人群需要的产品及包装。其如图5.6所示。

图5.6　清新、甜美的女性特点

现代包装设计

"什么时间"是设计的时间依据。这不仅指在什么火候上推出,而且也是一种时间定位。每种商品、每种包装都有自己的生命周期。"适时"是包装设计的重要原则。不同的商品、不同的消费对象会有不同的"适时"原则。商品包装中尤其是节日礼品包装更能凸显这一现象。其如图5.7所示。

图5.7 月饼包装,要体现出"适时"的原则

"什么地点"是设计的地域依据。商品和包装也有自己的根据地。地域特色常常是文化特色的基础。如南、北、东、西的地域差异;亚洲与欧美的风格差异等等。所谓的东甜西辣、南酸北咸也不仅仅指口味的不同。值得注意的是,地域和时间不是一成不变的,而是可以互相转换的。我们常说某地比某地落后了几十年,就是地域差造成的时间差。可见包装设计中机械地认为某地喜欢某色、某形,而不作深一步的比较研究不见得就是"适时"、"适地"之举。其如图5.8、5.9所示。

图5.8 极具东方韵味的日本包装

图5.9 视觉冲击力极强的英国包装

158

"为什么"除了用设计语言对上述四个条件作出明确回答外,更强调了自己的特有个性。一件商品陈列在浩瀚的商品海洋中,如果没有自己的品牌特色,没有推陈出新的观念意识,就难以满足人们的求新欲望和喜新厌旧的本能。"为什么"强调了设计的差别化,也进一步要求设计师要有创新意识,否则就会由于设计陈旧而遭到淘汰。所以,多问几个这样的"为什么",在明确包装定位的同时,缔造出包装艺术的新生命,充分展现包装艺术的创造力。

5.2.2 定位设计的方法

现代包装设计要更多地考虑如何体现商品的人性化,以争取消费者为目标。设计定位的准确性与否将直接影响包装设计与开发的成败,设计师应充分意识到设计定位的重要性,使我们的设计走向成功。现代包装的定位设计可从品牌定位、产品定位、消费者定位和综合性定位几个方面考虑。

1. 品牌定位

品牌不仅指品牌名称、标识等视觉形象特征,更重要的是内在的价值观、信仰、情感等,即品牌所蕴含的文化特征。成功的品牌形象定位对行销商品至关重要。产品以及企业的标志形象是经过注册,受法律保护的。产品一旦成为知名品牌,就会给企业带来巨大的无形资产和影响力,给消费者带来的是质量的保障和消费的信心。例如:"可口可乐"、"宝洁"、"雀巢咖啡"、"麦当劳"等著名品牌就是很好的例证。

品牌定位一般着重于产品的品牌信息、品牌形象、品牌色彩的表现,主要应用于品牌知名度较高的产品包装设计上,它是向消费者表明"我是谁","我代表的是什么企业、什么品牌",在包装设计的画面上,主要突出商品的标志或企业标志、品牌名称。其如图5.10所示。

图5.10 品牌文字、品牌形象为设计重点

总之，品牌定位，着重在于表现商品的品牌形象，突出品牌意识，这对创立品牌的知名度起着非常重要的作用。

2. 消费者定位

商品服务的对象是消费者，所以对于企业来说，将商品销售给怎样的特定消费群体是在任何设计之初必须明确的概念。包装设计应表明商品是"卖给谁"的，为谁服务的，为谁生产的，要让消费者一目了然。消费者定位是着力于特定消费对象的定位表现，主要应用于具有特定消费群体的产品包装设计，如年龄、性别、职业、特定使用者等，在处理上往往采用相应的消费者形象或有关形象为主体的图形，加以典型性的表现。包装设计要考虑目标消费者的生理、心理特点。在视觉设计中要表现出产品的特性，根据地域、国家、民族的不同，结合他们的风俗习惯、民族特色和喜好，进行针对性设计。消费者有着不同的文化背景、生活方式，这直接影响着他们的消费观，在包装设计中都应予以足够的重视和体现。其如图5.11、5.12所示。

3. 产品定位

产品定位是指在包装上表明卖的是什么产品，使消费者迅速地识别产品的属性、特点、用途、用法、档次等。产品定位又可具体分为：产品特色定位、产品功能定位、产地定位、纪念性定位和产品档次定位。

（1）产品特色定位。要使某产品在同类产品的竞争中脱颖而出，引起消费者的兴趣和购买欲望，达到促进销售的目的，那么就要在设计时尽量抓住产品与众不同的特色并突出特色的优势。要以产品所具有的特色来创造一个独特的推销理由，在具体设计时，可以将与同类产品相比较而得出的差别作为设计的突破点，而这个差别就是产品特色，利用产品特色定位是最直接也是最有效的产品定位方法。其如图5.13所示。

图5.11　针对成人设计的饮品包装

图5.12　针对儿童设计的饮品包装

第5章 包装设计的程序与创意

（2）产品功能定位。产品功能定位就是强调产品不一般的功效和作用，并在包装上重点展示给消费者，使其与同类产品拉开距离，让消费者在消费这种商品时能获得生理和心理的满足。其如图5.14所示。

（3）产地定位。产地定位就是突出比较有特色的产地，以示产品的特质与正宗。多用于旅游纪念品、特产、香烟、茶叶、酒类等。其如图5.15所示。

图5.13　突出天然材质的产品特点

图5.14　注重产品功能的表达

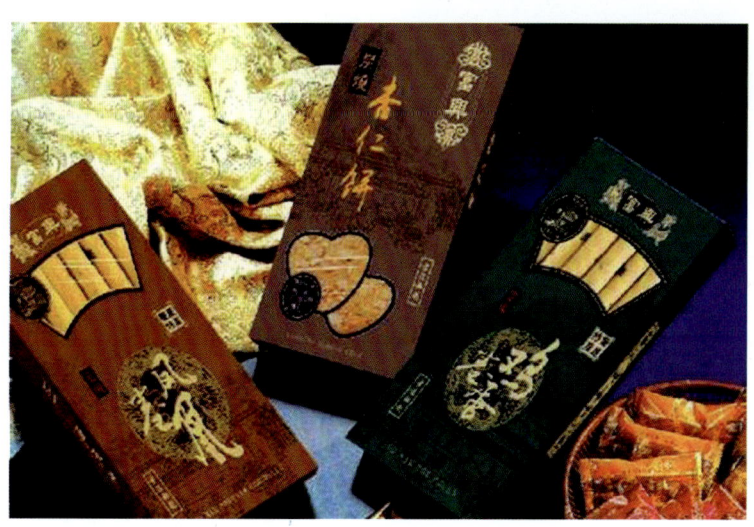

图5.15　以突出产地为表现内容的设计

（4）产品档次定位。由于产品营销策略的不同及用途上的区别，每一类产品都有档次上的不同，设计者应该根据产品的不同价格来考虑适当的包装设计。在包装设计上应该准确地体现出产品的档次，做到商品与包装表里如一。其如图5.16所示。

（5）纪念性定位。产品包装为着重表现某种庆典活动、特殊节日、旅游活动、大型文化体育活动等进行的纪念性的设计，使消费者能留下有意义的回忆，并作为纪念品收藏。如2012年奥运会，其专用包装及纪念品包装，突出的是奥运会的标徽和吉祥物，具有很强的纪念意义。其如图5.17所示。

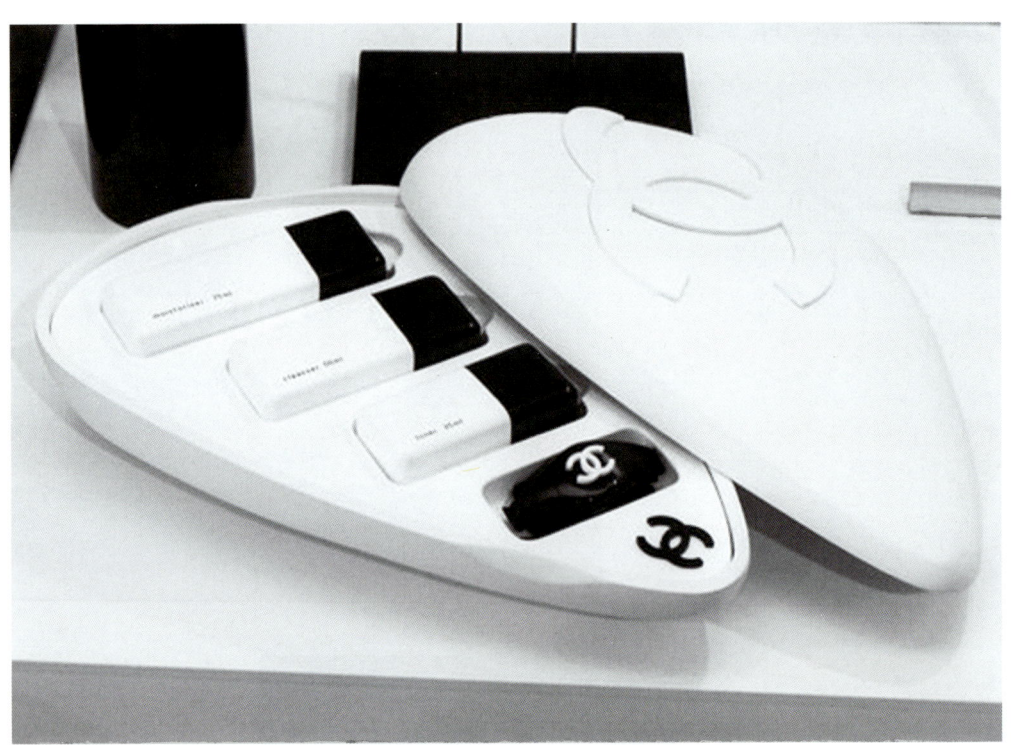

图5.16 精致的包装，突出产品的档次

图5.17 可口可乐公司为伦敦奥运会推出的产品包装

第5章 包装设计的程序与创意

4. 商品本身定位

商品本身定位是指在视觉传达设计中直接展示商品，对信息的传达有开门见山的效果，有助于消费者清晰、迅速地识别商品。其如图5.18所示。

5. 商品原料定位

商品原料定位是指，在装潢设计中突出强调商品原料的优良品质，借以引申和暗示商品质量的可靠性。尤其是在食品的包装装潢中强调天然原料、无污染、不含色素、不含防腐剂等信息，可给消费以纯正、可靠、卫生和货真价实的印象。其如图5.19所示。

6. 综合定位设计

根据产品和市场的具体情况，对于设计的定位有时候会采用多种定位相结合的形式，如品牌与产品定位，这是品牌与产品信息相结合的定位表现，在表现上一定要有重心倾向。一般以品牌形象为表现主体，产品形象为辅助，注意相互补充，避免相互削弱；也有品牌与消费者定位的结合，主要是品牌表现与消费者形象相结合的定位表现；也可以是产品与消费者定位相结合，这是产品形象与消费者形象相结合的定位，在处理上要以某一个内容为主要表现对象，另一个为辅助，避免二者等量齐观。另外，也有以"品牌+产品+消费者"定位结合的设计，但一定要注意有所侧重，应避免画面杂乱，一般多以品牌为主，其他为辅助表现。包装的空间有限，不可能面面俱到，所以设计一定要有重心，既便于表现，又便于被接受，并且具有典型性和鲜明性。其如图5.20、5.21所示。

图5.18 直接展示商品本身

图5.19 真实地再现商品的原材料

图5.20　品牌+产品的定位设计

图5.21　品牌+消费者的定位设计

总之，设计定位应根据不同的产品具体分析、具体对待，适当运用好定位设计，设计出优秀的包装作品，以促进市场经济的飞速发展。

5.3 包装设计的创意设计

创意是设计的灵魂，体现着设计的目的及意义。创意也是一种有目标的、预先策划的行为。包装的创意设计，应根据产品的特性，依据企业对产品追求的目标，依据消费者的需求和销售市场产品竞争的状况；创意又是一种创造性的思维活动，它强调运用联想和想象的手法，对未来的商品进行整体上的把握，艺术地再现商品的气质与外观形象。

在工业设计取得长足发展的今天，设计师所面临的不再是构思的不足而是思想的僵化，固守旧的设计模式，缺乏新的时代敏觉性，缺乏创造思想和个性气质。20世纪90年代初，日本设计界提出"超前设计"。21世纪，国内外设计师又提出"新概念设计"。这些都是在现代科技和经济飞速发展的新形势下产生的新的设计观念和设计思想。随着时代的发展，包装设计的创意设计必将不断发展和完善，为商品包装展现自身优势提供广阔的空间。

5.3.1 创意的表现方法

任何创造都离不开构思，艺术创造有艺术构思，包装视觉传达设计也有它的设计构思。想要设计出一件优秀的作品来，首先必须提高创意水平，研究构思规律。创意是设计的灵魂，在设计创作中很难有固定的创意方法。创作多是由不成熟到成熟的过程，在这一过程中肯定一些或否定一些、修改一些或补充一些是正常的现象。构思的核心在于考虑表现什么和如何表现两个问题。其中任何一个环节处理不好都会前功尽弃。包装创意的表现方法有以下四种：直接表述、间接表述、发散思维以及装饰手法。

1．直接表述

直述的方法是一种开门见山，使人一目了然的表现方法。商品的形象，用开窗或具象摄影的方法直接地表现产品的形象和品质，给消费者逼真的感受。更容易打动消费者，激起购买欲望。其如图5.22所示。

2．间接表现

间接表现是比较内在的表现手法，即画面上不出现表现的对象本身，而是借助于其他有关事物来表现该对象，这种手法具有更加宽广的表现余地，在构思上往往用于表现内容物的某种属性等。就产品来讲，有的东西无法进行直接表现，如香水、酒、牙膏、洗衣粉等，这就需要用间接表现手法来处理。同时，许多可以直接表现的产品，为了求得新颖、独特、多变的表现效果，也往往从间接表现上求新、求变，间接表现的典型手法是比喻、联想、象征。其如图5.23所示。

图5.22 具象的图片直接表现产品

图5.23 用大力士暗喻产品超强的洗涤能力

3. 发散思维

现代生活需求丰富多变，设计师的构思也应该是多元的、发散的。从新的角度、新的理念出发，以全新的创造意识进行构思设计，创造出符合新的生活条件、新的审美意识要求的包装设计，从而适应社会发展的需求。发散思维强调多角度的想象，也强调大胆地突破原有的知识结构和思维形式。围绕产品利用发散思维、逆向思维、借鉴思维等来诱发各种各样的创造性设想。逆向思维是以对立存在的事物为内容并对前期内容进行否定或转换的构思方法。逆向思维是一种活跃构思范围、避免设计"模式化"的一种构思方法，其目的是开拓新的样式适应多变的消费需求。借鉴思维是以传统艺术中的漆器装饰、陶瓷装饰、壁画装饰以及民间美术、少数民族装饰艺术中的经典内容作为包装装饰设计的创作原点，是包装设计中常见的方法。其如图5.24、5.25所示。

第5章　包装设计的程序与创意

图5.24　打破常规的包装造型

图5.25　体现了前卫时尚的设计思路

4．装饰手法

有很多包装设计往往以装饰的手法，以此来丰富设计形式，达到意想不到的效果。如在包装结构上求变化，添加与产品内容相关的饰品美化产品，提升设计品质等等。这种"装饰性"应具有一定的倾向性，用倾向性来引导观者的感受。其如图5.26所示。

现代包装设计

图5.26　利用蝴蝶结装饰产品

5.3.2　创意构思实证

1．主题性创意构思

主题性创意构思往往产生于企业特定时期推出的特定产品的背景下，首先由企业或设计事务所设立一个"主题"，由此展开设计构思，体现特定产品的主题意义，通过这种形式可以给消费者留下深刻的印象。主题性设计可以在厂庆、大型节日、有影响的各种商会等特殊时期推出，不仅可以借此宣传企业文化，也是促销的一种手段。在这种情形下，主题性设计作品，还可以作为纪念品用作赠送或收藏。其如图5.27所示。

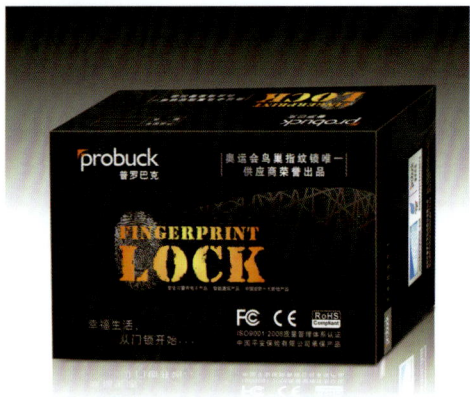

图5.27　北京奥运会指纹锁包装设计

2．由品牌符号展开的装饰构思

以品牌造型为主体元素在企业经典产品包装（或称为主导产品）上展开，是一种十分有效的创意方法。富有独特个性和艺术魅力的品牌造型是企业视觉形象的代表。品牌造型实际上以品牌文字为中心，配合与文字相呼应的图形或其他色块、纹形。在实际应用中，品牌造型类似一个"母体"性图形，可以由此变异或延伸出其他近似图形，即主体不变，局部图形作形态上的变化，以适应不同场合的需要。其如图5.28所示。

图5.28　品牌文字为主，配合相呼应的图形

3. 以象征性的符号作为装饰设计的原点

法国设计师柯恩多向来倡导象征性设计。他认为：象征符号和潜意识是推动人们行为的一股巨大的力量。赋予产品灵魂的不是广告，而是消费者对该产品的想象力。其如图5.29所示。

图5.29　象征性符号引发人的联想

5.3.3　包装设计的技巧与要求

1．以少胜多，突出重点

商品包装的手法很多，针对某一种具体商品，在明确了设计的目标和要求后，制订设计方案，选择表现重点是设计全过程的核心与灵魂。包装设计的空间是十分有限的，在有限的空间内要抓住产品最主要的诉求目标，突出诉求的重点。另外，在设计表现上，比较集中于一个角度也将有益于表现的鲜明性，以达到主体明确的目的。以少胜多，突出重点是包装设计的基本要求。其如图5.30所示。

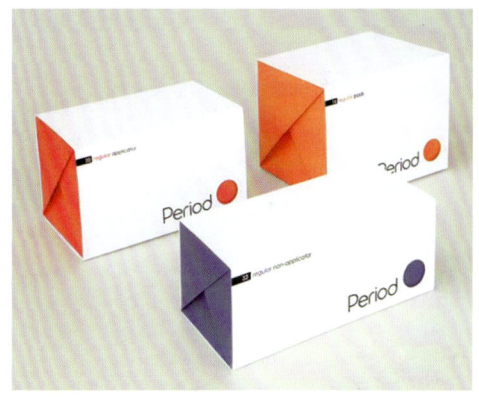

图5.30　以少胜多的设计，简洁而不简单

2．先声夺人，出类拔萃

随着现代社会生产力的快速发展，物质条件日益丰富，对消费者而言其审美需求也随之越来越高。顾客从对某个商品产生好感发展到对某个商品的特别钟爱，是商品品质及商品包装艺术所带来的质的意义。成功的销售包装要在商品海洋中引人注目，必须以富有个性的品牌、出众新奇的造型形态、生动而出众的装饰魅力吸引和打动消费者。这就要求设计师要善于运用夸张、对比、反复、律动等形式规律对装饰构图进行反复推敲，强化视觉表现力，这样才会使商品通过成功的包装在同类产品中出类拔萃，最先被销售出去。其如图5.31、5.32所示。

3. 强化个性，突出差别

商品包装设计如果千篇一律，势必会造成消费者对商品审美的麻木以及购买力的下降，所以商品包装要有自己独特的个性，才能在商品海洋中"脱颖而出"。这就需要设计师勇于"逆潮流"，避免"流行化"，从新的角度，挖掘与众不同的表现形式。在目不暇接的商品海洋中，强化本企业商品包装的独特形象，特别是在同类商品中突出自身的个性特征，使之高度差别化是关系到商品流通生命的重要问题。有个性的商品包装来自两方面的因素：一是商品本身在品质上的不同；二是包装形态与装饰形式的不同。强化个性，就是要突出商品包装之间的不同和差别。其如图5.33所示。

图5.31 极简的设计，也可冲击视觉

图5.32 极繁的设计，可达到先声夺人的效果

图5.33 另类的口香糖包装设计

课题训练

第5章

1. 正确理解现代包装设计的定位。

2. 确立具体包装课题,提前进行充分的市场调研,分析现有包装市场现状,建立符合商品内容、贴近市场、贴近消费者的包装定位。

3. 包装创意要独特、标新立异,与同类产品相比有较鲜明的识别性,产品定位与创意能够与宣传计划相协调。

4. 阐述现代包装设计的技巧与要求。

参考文献
REFERENCES

[1] 刘乙秀.专业设计：包装设计专集[M].杭州：中国美术学院出版社，1995.
[2] 曹方.包装设计[M].南京：江苏美术出版社，1999.
[3] 李颖宽.包装设计[M].西安：陕西人民美术出版社，2000.
[4] 成昭晖.包装设计[M].杭州：中国美术学院出版社，2001.
[5] 寻胜兰.包装设计[M].哈尔滨：黑龙江美术出版社，2001.
[6] 王国伦，华健心.平面设计[M].武汉：湖北美术出版社，2001.
[7] 郭茂来.包装设计艺术赏析[M].北京：人民美术出版社，2001.
[8] 朱国勤，吴飞飞.包装设计[M].上海：上海人民美术出版社，2002.
[9] 曾景祥，肖禾.包装设计研究[M].长沙：湖南美术出版社，2002.
[10] 蒋啸镝.插图设计[M].长沙：湖南大学出版社，2004.
[11] 毛溪.字体设计与编排[M].上海：上海人民美术出版社，2004.
[12] 埃米·E．阿恩聪.平面设计基础教程[M].李亮之，译.重庆：重庆出版社，2005.
[13] 贾尔斯·卡尔弗.什么是包装设计[M].吴雪杉，译.北京：中国青年出版社，2006.